# A Família Pinel
## Da França ao Brasil

Ronilda Pinel de Sousa Shomberg

Também da Autora:

The Pinel Family – From France to Brazil

ISBN 10: 1492766844
ISBN-13: 978-1492766841
Publicado Setembro 2013, EUA

ISBN 10: 1492862851
ISBN-13: 978-1492862857

# PREFÁCIO

Este livro foi criado para preservar as informações genealógicas e documentos recolhidos nos últimos sete anos em relação aos descendentes de Scipion Pinel.

Não é o propósito deste livro para reimprimir toda a informação que se encontra disponível em outras árvores genealógicas, internet, livros e etc., mas sim de documentar a história de minha família para as gerações futuras. Não incluí todos os descendentes de Scipion Pinel, apenas as sete gerações levando a família de minha mãe. Você está convidado a ler todo o material disponível, aprender tanto quanto possível, e preencha as informações das próximas gerações que levam a você. Duas páginas extras foram adicionadas no final do livro para esta finalidade.

Todos os esforços foram feitos para tornar este livro tão completo e tão preciso quanto possível. No entanto, pode haver erros tipográficos e de conteúdo. Portanto, este livro deve ser utilizado como um guia e inspiração, não como a melhor fonte de todas as informações relacionadas à família Pinel.

Ronilda Pinel de Sousa Shomberg
NY, Setembro 2013

*"Como podem os nossos filhos saber quem são, se não sabem de onde vieram."*

Para meus filhos e netos:

Ernest R (Pinel de Sousa) Vega
Grace R (Pinel de Sousa) Vega
Shawn M (Pinel de Sousa Vega) Clancy
Jillian R (Pinel de Sousa Vega) Clancy

# CONTEÚDO

# AGRADECIMENTOS

Eu não tentei citar no texto todas as autoridades e fontes consultadas na elaboração deste livro. Para isso seria necessário mais espaço do que está disponível. A lista deveria incluir os departamentos de vários governos, bibliotecas, periódicos e muitos indivíduos.

Muitas pessoas contribuíram para este livro. Primos distantes forneceram informações muito necessárias, embora seus nomes não fossem incluídos na árvore devido ao limite imposta de sete gerações.

Um agradecimento especial para os primos que me ajudaram quando eu senti que não podia mover para frente ( ou para trás ).

Lucy Lupia Pinel Balthazar
Levy de Almeida Junior
Aladim Pinel
Paule Valet

# 1

## O QUE REPRESENTA UM NOME?

Eu adquiri o seguinte "Historia de Nome de Família" do Centro de Pesquisa Histórica em 1994. Embora existam muitas versões da historia do nome Pinel, do Brasão, etc., acabei achando que isto seria um bom artigo de curiosidade para incluir. Em ele se diz:

*"O sobrenome francês Pinel é classificado como sendo de origem local. Nomes de localização são nomes de família que derivam a partir de uma característica da localização da casa do primeiro portador do nome, ou o nome da cidade ou vila do portador original do nome.*

*Em alguns casos, um nome de local faz referência a uma casa, o qual foi distinguido por um sinal ou gravura geralmente colocado por cima da porta.*

*Neste caso, o nome Pinel identifica, em princípio, um homem que viveu em um lugar ou viu-se cercado por um ou mais pinheiros. O nome Pinel é uma derivação do nome "Pinheiro", que foi tomada a partir da palavra francesa da mesma grafia que vem do latim "pinus".*

*Os principais variantes do nome Pinel são Pin e Dupin. Diz-se que o uso de nomes hereditários na França surgiu no século XV.*

*Este processo se estendeu por mais de duzentos anos, desde que o costume de ter um nome passado para a próxima geração já existia no século XIII. Uma referência ao antigo nome ou uma variação desse nome é o registro de batismo de Guillaume Pinel, filho de Jean Baptiste Pinel e Catherine Houdan, em Dordogne, em 1676.*

*Por outro lado, em um armorial francês, são registradas três famílias diferentes, que fundaram seus lares ancestrais nas regiões de Bretanha, Normandia e Languedoc. A investigação ainda está em curso, bem como o nome poderia ter sido documentado mais cedo do que a data mencionada aqui. Figura notável que têm esse nome é o médico francês Philippe Pinel, nascido perto de Gibronges, hoje Jonquieres (1745-1826)"*

*Armas: Azure, três pinhas verdes*

*Interpretação: Azure (azul) significa lealdade e verdade e Vert (verde), esperança e alegria.*

*Brasão: Três penas de avestruz*

*Origem: França*

De acordo com a descrição, o seguinte seria uma boa representação do nosso

brasão:

Figura 1

Fundo azul, três pinhas verdes e três penas de avestruz no topo.

Figura 2

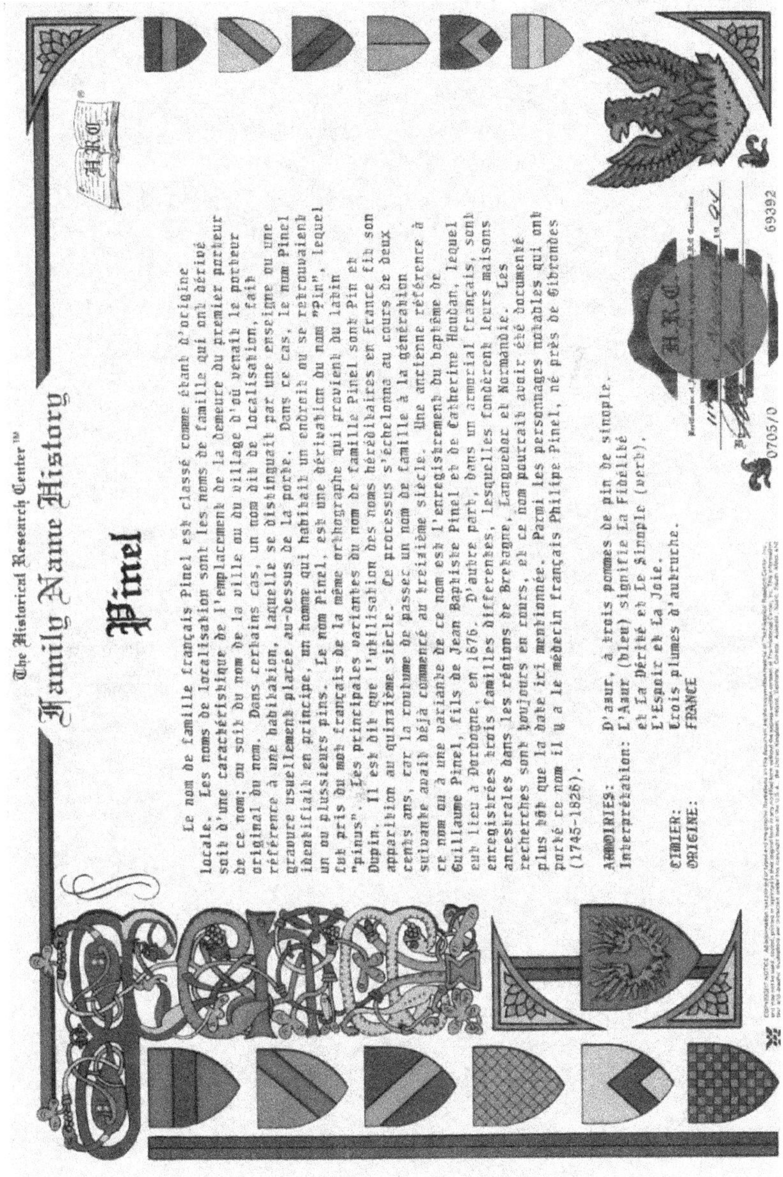
The Historical Research Center™

Family Name History

Pinel

Le nom de famille français Pinel est classé comme étant d'origine locale. Les noms de localisation sont les noms de famille qui ont dérivé soit d'une caractéristique de l'emplacement de la demeure du premier porteur de ce nom; ou soit du nom de la ville ou du village d'où venait le porteur original du nom. Dans certains cas, un nom dit de localisation, fait référence à une habitation, laquelle se distinguait par une enseigne ou une gravure usuellement placée au-dessus de la porte. Dans ce cas, le nom Pinel identifiait en principe, un homme qui habitait un endroit ou se retrouvaient un ou plusieurs pins. Le nom Pinel, est une dérivation du nom "Pin", lequel fut pris du mot français de la même orthographe qui provient du latin "pinus". Les principales variantes du nom de famille Pinel sont Pin et Dupin. Il est dit que l'utilisation des noms héréditaires en France fit son apparition au quinzième siècle. Ce processus s'échelonna au cours de deux cents ans, car la coutume de passer un nom de famille à la génération suivante avait déjà commencé au treizième siècle. Une ancienne référence à ce nom ou à une variante de ce nom est l'enregistrement du baptême de Guillaume Pinel, fils de Jean Baptiste Pinel et de Catherine Houdan, lequel eut lieu à Dordogne, en 1676. D'autre part, dans un armorial français, sont enregistrées trois familles differentes, lesquelles fondèrent leurs maisons ancestrales dans les régions de Bretagne, Languedoc et Normandie. Les recherches sont toujours en cours, et ce nom pourrait avoir été documenté plus tôt que la date ici mentionnée. Parmi les personnages notables qui ont porté ce nom il y a le médecin français Philipe Pinel, né près de Gibrondes (1745-1826).

| | |
|---|---|
| ARMOIRIES: | D'azur, à trois pommes de pin de sinople. |
| Interprétation: | L'Azur (bleu) signifie La Fidélité et La Vérité et Le Sinople (vert), L'Espoir et La Joie. |
| CIMIER: | Trois plumes d'autruche. |
| ORIGINE: | FRANCE |

H.R.C.

0705/0 69392

# SCIPION PINEL
E seus descendentes

## **Geração 1**

1.    **SCIPION**[1] **PINEL** nasceu em 1660 em Saint-Paul-Cap-de-Joux, na França. Ele faleceu em 4 de Agosto de 1714 em Saint-Paul-Cap-de-Joux, na França. Casou-se com **SUSANNE OLIENE**. Ela nasceu cerca de 1670 também em Saint-Paul-Cap-de-Joux, na França. Sua data da morte é desconhecida, mas estimada entre 1704, após o nascimento de seu último filho, e antes de 1714, quando morreu Scipion.

Todos os nascimentos, óbitos e informações sobre os casamentos para 1674-1792 foram coletadas do archivesenligne.tarn.fr. Anos 1680-1691 não estavam disponíveis para paróquia de St. Paul-Cap-de-Joux, e 1679-1733 não estavam disponíveis para paróquia de St Andre-d'Alayrac.

Scipion e Susanne foram padrinhos/testemunhas em muitos dos batizados e casamentos em St. Paul.

Assinaturas de Scipion em anos diferentes:

1694

1696

A morte de Scipion foi inscrita no registro da Igreja de Saint-Paul e testemunhada por Pierre Martin. Nota lateral diz que "a morte da esposa ocorreu em Lavaur".

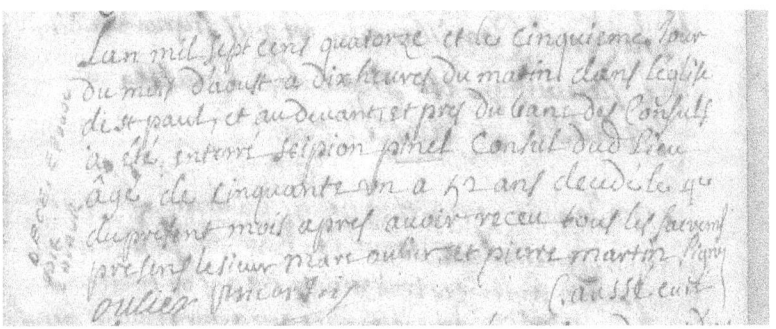

A existência de Susanne Oliene: está provado pelas muitas entradas no registro de batismo de seus filhos: 1E_266_001_4 baptême Saint-Paul 1704-1726 communale http://archives.tarn.fr

Scipion Pinel e Susanne Oliene tiveram os seguintes filhos, *(geração 2):*

2.    i. **BARTHELEMÍ OLIENE² PINEL** (Scipion[1]) nasceu em 1690 em Saint-Paul-Cap-de-Joux, na França. Ele faleceu em 13 de Fevereiro de 1758 em Saint-Paul-Cap-de-Joux, na França. Ele se casou com **MARIE ESCRIBE**. Ela

nasceu em 1696 em Saint-Paul-Cap-de-Joux, na França e faleceu no dia 4 de Setembro de 1745 em Saint-Paul-Cap-de-Joux, na França.

2.    ii.    JEANNE OLIENE[2] PINEL (Scipion[1]) nasceu em 1693 em Saint-Paul-Cap-de-Joux, França (primeira data para a idade da inocência). Ela faleceu em 28 de Maio de 1699 em Saint-Paul-Cap-de-Joux, França (morte na idade da inocência).

2.    iii.    BERNARD OLIENE[2] PINEL (Scipion[1]) nasceu em 25 de Novembro de 1694 em Saint-Paul-Cap-de-Joux, na França. Seu batizado foi registrado na paróquia de Saint-Paul em 28 de Novembro. Padrinhos: Bernard Sabatien e Marie Barla du Ladite

2.    iv.    MARIANNE OLIENE[2] PINEL (Scipion[1]) nasceu em 22 de Março 1697 na cidade Saint-Paul-Cap-de-Joux, France. Ela foi batizada Março 25 e este fato foi registrado na paróquia de Saint-Paul. Seu padrinho foi o irmão Barthelemí Pinel e a madrinha foi Susanne de la Vale.

2.    v.    NOE OLIENE[2] PINEL (Scipion[1]) nasceu no dia 28 de Março, 1700 em Saint-Paul-Cap-de-Joux, France e foi batizado nesta paróquia no dia  2 de Abril. Seus padrinhos: Barthelemí, irmão e Jeanne, irmã. Ele faleceu em 23 de Abril 1701 e foi enterrado no cemitério da paróquia de Saint-Paul-Cap-de-Joux, France.

2.    vi.    MARIE OLIENE[2] PINEL (Scipion[1]) nasceu no dia 17 de Agosto 1702 e foi batizada no dia 20 na paróquia de Saint-Paul-Cap-de-Joux, France, seu padrinho foi o irmão Barthelemí Oliene Pinel, e madrinha: Madame Antoine Pech. Ela faleceu no dia 14 de Julho de 1703 e foi enterrada no dia 15 no cemitério da  paróquia de Saint-Paul-Cap-de-Joux, France.

2.    vii.    MARGUERITTE OLIENE[2] PINEL (Scipion[1]) nasceu no dia 3 de Julho de 1704 e foi batizada no dia 5 de

Julho na paróquia de Saint-Paul-Cap-de-Joux, France. Padrinho: Jean Oliene, seu primo e madrinha: Catherine Martine, sua prima.

## Geração 2

2. **BARTHELEMÍ OLIENE**[2] **PINEL** (Scipion[1]) nasceu em 1690 em Saint-Paul-Cap-de-Joux, na França e faleceu em 13 de Fevereiro de 1758 no mesmo lugar. Ele se casou com **MARIE ESCRIBE**. Ela nasceu em 1696 em Saint-Paul-Cap-de-Joux, na França e faleceu no dia 4 de Setembro de 1745 na mesma cidade.

Encontrei o nome de Marie Escribe também soletrado como: Escirve, Escribe ou Scribe. http://gw1.geneanet.org

Barthelemí Pinel e Marie Escribe mudaram de Saint-Paul-Cap-de-Joux para Damiatte (do outro lado do rio Agout), France. Apesar de nenhum dos filhos terem nascidos em Damiatte, registros de casamentos e mortes mostram a existência destes outros filhos.

Damiatte - Figura 3

Barthelemí Oliene Pinel e Marie Escribe tiveram os seguintes filhos *(geração 3)*:

3. i. HIPPOLITE ESCRIBE[3] PINEL (Barthelemí Oliene[2], Scipion[1]) nasceu em 27 de Agosto de 1711 em Saint-Paul-Cap-de-Joux, na França. Ela faleceu em 04 de Março de 1791 em Damiatte, Tarn, França.

Hipollite se casou com JEAN DURAND, filho de Pierre Durand e Marie em 19 de Fevereiro de 1737 na Igreja Saint Martin, Damiatte, Tarn, França. Ele nasceu em 28 de Março de 1711 em Damiatte, Tarn, França e faleceu em Sarger.

3.    ii. JEAN ESCRIBE[3] PINEL (Barthelemí Oliene[2], Scipion[1]) nasceu em 08 de Janeiro de 1713 e foi batizado no dia 10 do mesmo mês em Saint-Paul-Cap-de-Joux, na França. Seus padrinhos foram Jean Miguel de Daussie e Susanne Oliene, avó. Seu tio Bernard Pinel foi testemunho. A data de sua morte é desconhecida. Ele se casou com MARIE MAVIES.

3.    iii. JEANNE ESCRIBE[3] PINEL (Barthelemí Oliene[2], Scipion[1]) nasceu em 10 de Março 1714 e foi batizada no dia 15 de Março, em Saint-Paul-Cap-de-Joux, na França. Padrinho: Marc Oliene, tio. Madrinha: Jeanne Pinel. Testemunhas: o avô Scipion Pinel e Antoine Caussé. Sua data de morte se presume ser antes de 1723, quando outra criança nasceu e também foi chamada Jeanne

3.    iv.   MARIE ESCRIBE[3] PINEL (Barthelemí Oliene[2], Scipion[1]) nasceu em 04 de Junho de 1715 e foi batizada no dia 10 do mesmo mês na paróquia de Saint-Paul-Cap-de-Joux, na França. Padrinho: Bernard Pinel, tio. Madrinha: Marie Garthe e Testemunhas: Marc Oliene, cônsul de Saint-Paul e o Nobre Marc Antoine Dupuy. Sua data da morte é desconhecida.

3.    v.   **PHILIPPE FRANÇOIS ESCRIBE[3] PINEL** (Barthelemí Oliene[2], Scipion[1]) nasceu no último dia de Maio (31) e foi batizado em 07 de Junho de 1716 na paróquia de Saint-Paul-Cap-de-Joux, na França. Ele faleceu em 01 de Outubro de 1793 em Saint-Paul-Cap-de-Joux, na França. Casou-se com **ELISABETH DUPUY**, filha de Charles Dupuy e Margueritte Bugarel em 11 de Fevereiro de 1744 em Saint Andre, Tarn, França. Ela nasceu em 1722 em Saint André, Tarn, França e  faleceu em 1757.

1716 Batismo de Philippe François Pinel Escribe – Registro da
paróquia de Saint-Paul

Seu padrinho foi Philippe Oliene, tio-avô e sua madrinha foi
Jeanne Oliene, avó (viúva) do batizado ( embora a mulher de
Scipion fosse Susanne Oliene talvez um mal-entendido na
época). As testemunhas: Pierre Martin e Jean Antoine Caussé

3. vi. CLAIRE ESCRIBE[3] PINEL (Barthelemí
Oliene[2], Scipion[1]) nasceu em 13 de Fevereiro de 1718 e foi
batizada no dia 14, na paróquia de Saint-Paul-Cap-de-Joux,
na França. Padrinho: Jean Rigoud, um agricultor de
Pecharnié. Madrinha: Marie Lengone

3. vii. MAGDALEINE ESCRIBE[3] PINEL
(Barthelemí Oliene[2], Scipion[1]) nasceu em 07 de Fevereiro de
1719 e foi batizada no dia 12 do mesmo mês em Saint-Paul-
Cap-de-Joux, na França. Padrinho: Guilhaume Fienge,
padeiro de Lavaur. Madrinha: Magdaleine, sua prima. Ela
faleceu em 27 de Setembro 1719 e foi enterrada no dia 29 no
cemitério paroquial de Saint-Paul-Cap-de-Joux, na França.

3. viii. MARIANNE ESCRIBE[3] PINEL (Barthelemí
Oliene[2], Scipion[1]) nasceu em 09 de Fevereiro de 1719 e foi
batizada no dia 11 do mês em Saint-Paul-Cap-de-Joux,
França ( gêmeo de Magdaleine? ). Seus padrinhos foram Jean
Antoine Caussé e Hypolithe Escribe, tia.

3. ix. CHARLES ESCRIBE[3] PINEL (Barthelemí Oliene[2], Scipion[1]) nasceu em 27 de Abril 1721 e foi batizado em 1° de Maio, em Saint-Paul-Cap-de-Joux, na França. Padrinho: Nobre Charles Dupuy. Madrinha: Nobre Marianne Dupuy. Testemunha: Nobre Pierre de Raimond

Casou-se com Marguerite Ribairan em 13 de Fevereiro 1760 em Damiatte, Tarn, França. Ela nasceu em 03 de Março de 1729 em Damiatte, França (batizada em Saint-Martin de Damiatte). Ela faleceu no dia 6 de Maio de 1777 na mesma cidade.

3. x. JEANNE ESCRIBE[3] PINEL (Barthelemí Oliene[2], Scipion[1]) nasceu em 02 de Maio de 1723 e foi batizada no dia 7 do mês em Saint Paul-Cap-de-Joux, Tarn FR. Padrinho foi Jacques Pech e madrinha foi Hipolite Pinel, tia.

3. xi. MARGUERITTE ESCRIBE[3] PINEL (Barthelemí Oliene[2], Scipion[1]) nasceu em 17 de Abril 1725 em Saint- Paul-Cap-de-Joux, na França. Sua data da morte é desconhecida.

3. xii. ANNE ESCRIBE[3] PINEL (Barthelemí Oliene[2], Scipion[1]) nasceu em 1740 em Saint Paul-Cap-de-Joux, Tarn FR. Sua data da morte é desconhecida. Ela se casou com JEAN LOUIS RIBAYRAN ( RIBAIRAN ) em 13 de Fevereiro 1760 na Damiatte, Tarn, França. A data de sua morte é desconhecida.

## Geração 3

3.    HIPPOLITE ESCRIBE[3] PINEL (Barthelemí Oliene[2], Scipion[1]) nasceu em Agosto 27, 1711 em Saint- Paul-Cap-de-Joux, na França. Ela faleceu em 04 de Março de 1791 em Damiatte, Tarn, França. Hippolite se casou com JEAN DURAND, filho de Pierre Durand e Marie em 19 de Fevereiro de 1737 na Igreja de Saint Martin, Damiatte, Tarn, França. Jean nasceu em 28 de Março de 1711 em Damiatte, Tarn, França. Ele faleceu em Sarger.

Em 1711 foi o batismo de Jean Durand – o livro de registro da paróquia de Damiatte mostra seus padrinhos como Alexi Guetolle e Marie Duran.

Em 1737 foi o casamento de Hippolite Pinel e Jean Durand – na Igreja de Saint-Martin em Damiatte. Testemunhas: Pierre Duran, pai do noivo e Barthelemí Pinel, pai da noiva.

Em 1791 foi registrada a morte de Hippolite Pinel Durand – na paróquia de Damiatte. Notas do registro: Idade 80. Esposa de Jean Durand (significando que o marido estava vivo). Testemunhas: Gaspard Jauce e Barthelemì Poutton

Jean Durand e Hippolite Escribe Pinel tiveram uma filha (geração 4):

4.    i.    MARIE JEANNE FRANÇOISE PINEL[4] DURAND (Hippolite Escribe[3], Barthelemí Oliene[2], Scipion[1]) nasceu em 12 de Agosto de 1741 e foi batizada no dia 15 do mês em Damiatte, Tarn, França. Padrinho foi François G. Durand ( padre e vigário de St Salvy de Siac ), seu tio, e madrinha foi sua tia Claire Pinel. Testemunha foi o avô Pierre Durand. Sua data da morte é desconhecida.

3.    JEAN ESCRIBE[3] PINEL (Barthelemí Oliene[2], Scipion[1]) nasceu em 10 de Janeiro de 1713 em Saint-Paul-Cap-de-Joux, na França. A data de sua morte é desconhecida. Ele se casou com MARIE.

Jean Escribe Pinel e Marie tiveram uma filha (geração 4):

4.    i.    MARGUERITTE[4] PINEL (Jean[3], Barthelemí Oliene[2], Scipion[1]) nasceu em 30 de Agosto 1754 e foi batizada em 1° de Setembro, em Saint Paul-Cap-de-Joux, Tarn, FR. Padrinho: Antoine Frouvier. Madrinha: Margueritte Endrieu.

3.    **PHILIPPE FRANÇOIS ESCRIBE[3] PINEL** (Barthelemí Oliene[2], Scipion[1]) nasceu em 07 de Junho de 1716 em Saint-Paul-Cap-de-Joux, na França. Ele faleceu em 01 de Outubro de 1793 em Saint- Paul-Cap-de-Joux, na França. Casou-se com **ELISABETH DUPUY**, filha de Charles Dupuy e Margueritte Bugarel em 11 de Fevereiro de 1744 em Saint Andre, Tarn, França. Ela nasceu em 1722 em Saint André, Tarn, França e faleceu em 1757.

Assinatura de Philippe François Escribe Pinel quando foi padrinho em 1756.

" Em 1744, o pai, Philippe Pinel, se casou com Elizabeth Dupuy, e um ano mais tarde, seu primeiro filho, Philippe, nasceu. "Dos sete filhos nascidos apenas quatro sobreviveram: Philippe, Charles, Louis e Jean- Pierre ".

A partir de um livro de Bernard Mackler, 1968.

Em 1744 o registro de casamento de Philippe François Pinel e Élisabeth Dupuy, na paróquia de Saint Andre, ocupou três páginas do livro de registros.

## Primeira página

## Segunda página

Terceira e última página

A última página mostra as assinaturas de Bernard Pinel,
mestre padeiro de Lavaur e Jean Durand, mestre responsável
pela Paróquia de Damiatte, diocese de Castres. Pierre Bugarel
foi testemunha.

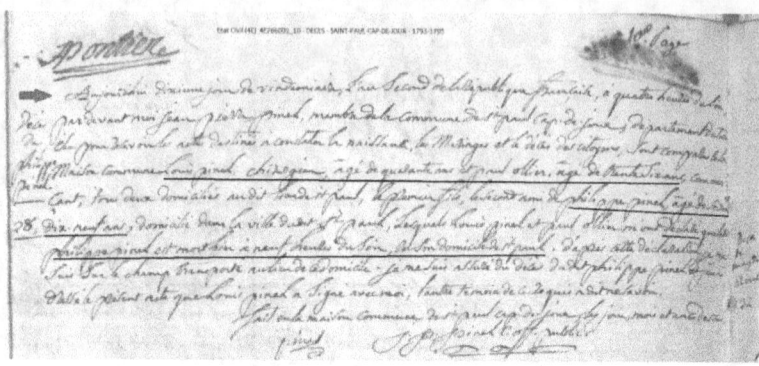

Sua morte, em 1793, foi declarada por seu filho, Louis Pinel, cirurgião, 40 anos de idade.

*(Veja a linhagem da família de Élisabeth Bugarel Dupuy no Capítulo 3)*

Philippe François Pinel Escribe e Élisabeth Dupuy tiveram os seguintes filhos *(geração 4):*

4.   i. **PHILIPPE DUPUY[4] PINEL** (Philippe François Escribe[3], Barthelemí Oliene[2], Scipion[1]) nasceu em 20 de Abril de 1745 em Saint Andre, Tarn, França. Ele faleceu em 25 de Outubro de 1826 em Paris, Ile-de-France, na França.

Ele casou-se primeiro com **JEANNE FRANÇOISE VINCENT**, filha de Jean Vincent e Jeanne Françoise Gindre em 20 Março de 1792 em Paris, Ile-de-France, na França. Jeanne nasceu em 03 de Julho de 1768 em Geruge, Franche-Comté, na França. Ela faleceu em 1812.

Ele casou-se segundo com MARIE-MADELEINE JACQUELIN LAVALLÉE no dia 25 Novembro 1815. Ela nasceu em Saint-Paul-Cap-de-Joux, France. Sua data de morte é desconhecida.

4.    ii. CHARLES DUPUY[4] PINEL (Philippe François Escribe[3], Barthelemí Oliene[2], Scipion[1]) foi batizado em 13 de Fevereiro de 1748 em Saint-Paul-Cap-de-Joux, na França. Padrinhos foram Jean Pinel e Marianne Dupuy. Ele se casou com JEANNE ARQUIE.

4.    iii. FRANÇOIS DUPUY[4] PINEL (Philippe François Escribe[3], Barthelemí Oliene[2], Scipion[1]) foi batizado em 26 de Janeiro de 1749 em Saint-Paul-Cap-de-Joux, na França. Padrinho: François Durand e Madrinha: Claire Pinel

Ele faleceu em 26 de Dezembro de 1749 em Saint Andre, Tarn, França.

4.    iv.    PIERRE-LOUIS DUPUY[4] PINEL (Philippe François Escribe[3], Barthelemí Oliene[2], Scipion[1]) nasceu em 1752 em Saint-Paul-Cap-de-Joux, na França. A data de sua morte é desconhecida. Casou-se com LOUISE GUILLEMAND.

4.    v.    CHARLE DUPUY[4] PINEL (Philippe François Escribe[3], Barthelemí Oliene[2], Scipion[1]) foi batizada em 18 de Novembro de 1753 em Saint-Paul-Cap-de-Joux, na França. Padrinho: Charles Pinel, tio e Madrinha: Anne Pinel, tia. Sua data de morte é desconhecida.

4.    vi. JEAN PIERRE DUPUY[4] PINEL (Philippe François Escribe[3], Barthelemí Oliene[2], Scipion[1]) foi batizado em 07 de Outubro de 1755 em Saint-Paul-Cap-de-Joux, na França. Seus padrinhos foram Jean Durand e Élisabeth Lafend. Casou-se com MARIANNE OULIAC.

4.    vii. MARIE DUPUY[4] PINEL (Philippe François Escribe[3], Barthelemí Oliene[2], Scipion[1]) foi batizada em 27 de Novembro de 1757 em Saint-Paul-Cap-de-Joux, na França. Padrinho: Philippe Pinel, irmão e Madrinha: Marie Duran. Sua data da morte é desconhecida

3.    CHARLES ESCRIBE[3] PINEL (Barthelemí Oliene[2], Scipion[1]) nasceu em 27 de Abril de 1721 em Saint-Paul-Cap-de-Joux, na

França. Ele se casou com MARGUERITTE RIBAIRAN em 13 de Fevereiro 1760 em Damiatte, Tarn, França. Pierre Jauxion e Jean Durand serviram como testemunhas.

Margueritte nasceu em 03 de Março de 1729 em Damiatte, França (batizada em Saint-Martin de Damiatte). Ela faleceu no dia 6 de Maio de 1777 em Damiatte, Tarn, França.

Notas de Batismo para Marguerite Ribairan:
Pais: Jean Ribairan e Marie Recfel
Padrinho Ettiene Recfel
Madrinha: Margueritte Ribairand

Notas da morte:
Esposa de Charles Pinel, cirurgião. Faleceu com 45 anos de idade (o que não concorda com a data de nascimento, deveria ser 48).

Charles Escribe Pinel e Marguerite Ribairan tiveram os seguintes filhos *(geração 4)*:

4.    i.    ANNE RIBAYRAN[4] PINEL (Charles Escribe[3], Barthelemí Oliene[2], Scipion[1]) foi batizada em 28 de Novembro de 1765 em Damiatte, Tarn, França. Padrinho: Philippe Pinel, cirurgião de Saint-Paul. Madrinha: Anne Ribairan, uma paroquiana. Seu pai estava ausente. Sua data da morte é desconhecida.

4.    ii.    MARIE RIBAYRAN[4] PINEL (Charles Escribe[3], Barthelemí Oliene[2], Scipion[1]) foi batizada em 15 de Junho 1767 em Damiatte, Tarn, França. Padrinho: Pierre Jauzion. Madrinha: Marie Vocaxe. Sua data da morte é desconhecida.

4.    iii.    JEAN RIBAYRAN[4] PINEL (Charles Escribe[3], Barthelemí Oliene[2], Scipion[1]) nasceu em 4 de Setembro de 1769 em Damiatte, Tarn, França. Padrinho: Jean Durand e Madrinha: Marie Marty, de St Paul.

# 3

# ÉLISABETH BUGAREL DUPUY
## E seus Antepassados

1. **ANTOINE[1] BUGAREL (BUGARD)** nasceu em 1655 em Saint-Julien Du Puy, Tarn, FR ( em uma pequena aldeia perto de Graulhet na paróquia da Igreja Saint-Julien du Puy ). Ele faleceu em 20 de Outubro de 1729 em Saint-Julien Du Puy, Tarn, FR. Ele se casou com **CATHERINE FABRE** em 5 de Janeiro de 1682 em Saint-Julien Du Puy, Tarn, FR. Ela faleceu em 25 de Maio de 1693 em Saint-Julien Du Puy, Tarn, FR.

Antoine Bugarel (Bugard) e Catherine Fabre tiveram os seguintes filhos *(geração 2)*:

> 2    i.    MARIE[2] BUGAREL nasceu em 30 de Novembro de 1691 em Saint-Julien Du Puy, Tarn, FR. Ela faleceu em 14 de Janeiro de 1782 em Saint-Julien Du Puy, Tarn, FR.

> 2.    ii.    MARIE THÉRÈSE[2] BUGAREL nasceu em 16 de Outubro de 1692 em Saint-Julien Du Puy, Tarn, FR. Ela faleceu em 25 de Novembro de 1702 em Saint-Julien Du Puy, Tarn, FR.

> 2.    iii.    PIERRE[2] BUGAREL nasceu em 01 de Novembro de 1689 em Saint-Julien Du Puy, Tarn, FR. Ele morreu em 29 de Outubro de 1749 em Saint-Julien Du Puy, Tarn, FR. Casou-se com ANNE MARIE DURAND em 21 de Novembro de 1718 em Dénat, Tarn, Midi-Pyrénées, França (A Igreja de Dénat, na esquina da Rue des Baluartes e

Rue de Goy). Ela nasceu em 07 de Outubro de 1698 em Dénat, Tarn, Midi-Pyrénées, França. Ela faleceu em 15 de Outubro de 1768, em Saint Julien-du-Puy, Lautrec, Castres, Tarn, FR.

2. iv. **MARGUERITTE[2] BUGAREL** nasceu em 1682 em Saint-Julien Du Puy, Tarn, FR. Ela morreu em 26 de Junho de 1766, em Saint André, Tarn, França. Ela se casou com **CHARLES DUPUY** em 16 de Janeiro 1719. Ele nasceu em 1683 em Saint- Paul-Cap-de-Joux, na França. Ele morreu em 22 de Novembro de 1751, em Saint André, Tarn, França ( 68 anos ).

## Geração 2

2. **MARGUERITTE[2] BUGAREL** (Antoine[1] Bugard (Bugarel) nasceu em 1682 em Saint-Julien Du Puy, Tarn, FR. Ela morreu em 26 de Junho de 1766, em Saint André, Tarn, França. Ela se casou com **CHARLES DUPUY** em 16 de Janeiro 1719. Ele nasceu em 1683 em Saint- Paul-Cap-de-Joux, na França. Ele morreu em 22 de Novembro de 1751, em Saint André, Tarn, França ( 68 anos ).

Notas do registro de morte de Margueritte
Viúva do Senhor Dupuy, Cirurgião. Testemunha: Jean Baptiste Bugarel, vigário. Age senviron = 84 (idade aproximada =84)

Charles Dupuy e Margueritte Bugarel tiveram os seguintes filhos *(geração 3):*

3. i. **ÉLISABETH[3] BUGAREL DUPUY** (Margueritte[2,] Antoine[1]) nasceu em 1722 em Saint André, Tarn, França. Ela morreu em 1757. Ela se casou com **PHILIPPE FRANÇOIS (Escribe) PINEL**, filho de Barthélémi Oliene Pinel e Marie Escribe em 11 de Fevereiro de 1744 em Saint Andre, Tarn, França. Ele nasceu em 07 de Junho de 1716 em Saint-Paul-Cap-de-Joux, na França. Ele morreu em 01 de Outubro de 1793 em Saint-Paul-Cap-de-Joux, na França.

3 ii. MARIANNE[3] BUGAREL DUPUY

(Margueritte[2,] Antoine[1]) nasceu em 1725 em Saint André, Tarn, França. Ela morreu em 28 de Julho de 1779 em Saint André, Tarn, França. Casou-se com ALEXIS BASTIER em 30 de Julho 1749. Ele nasceu em 1719 em Saint-Paul-Cap-de-Joux, na França.

# 4

## PHILIPPE DUPUY PINEL
### Geração 4

Figura 4

4. **PHILIPPE DUPUY[4] PINEL** (Philippe François Escribe[3], Barthelemí Oliene[2], Scipion[1]) nasceu em 20 de Abril de 1745 em Saint Andre, Tarn, França. Ele morreu em 25 de Outubro de 1826 em Paris, Ile-de-France.

Casou-se (primeiro) com **JEANNE FRANÇOISE VINCENT**, filha de Jean Vincent e Jeanne Françoise Gindre em 20 de Março de 1792 em Paris, Ile-de-France, na França. Ela nasceu em 03 de Julho de 1768 em Geruge, Franche-Comté, na França. Ela morreu em 1812. (*veja sua linhagem da família no Capítulo 5*)

© GeneaService.com

Notas do casamento com Jeanne Françoise:

Philippe escreveu a seu pai uma carta solicitando permissão para se casar

Do livro «Philippe Pinel et son œuvré au point de vue de la médecine mentale » By René Semelaigne

Página 157

«... Sens très vivement la necessite de m'unir avec une personne qui soit un autre moi-même et je um laquelle puisse me confier entièrement,

«Sois bien convencer que je ne suis m'y determinar qu'après une réflexion et après avoir tout balanceador. je prie mon père de vouloir bien m'envoyer tout de suite filho consentement um peu prés dans la forme qui suit:

«Je donne mon consentement pur et simple au mariage de mon fils aine, Philippe Pinel, avec demoiselle Jeanne Vincent, fille legítimas de Jean Vincent feu et de Françoise Gindre, habitantes de Gevingey, Département du Jura, entendant Que ce mariage sera contracte suivant les formes civiles et ecclésiastiques.

<Fait a Saint Paul, ce ... >

Je te prie de m'envoyer par la lettre même un extrait mortuaire de ma mère qui me devient aussi nécessaire. «

------------------------------------------------- ----------------

"... Eu sinto muito fortemente a necessidade de unir-me com uma pessoa que é como eu e em quem eu possa confiar totalmente,

Depois de refletir e tomar balanço dos fatos estou convencido e determinado do mesmo. Rogo que meu pai me envie um consentimento imediatamente e aproximadamente no seguinte formato:

"Eu dou o meu consentimento para o casamento puro e simples de meu filho mais velho, Philippe Pinel, com a senhorita Jeanne Vincent, filha legítima do falecido Jean Vincent e Françoise Gindre, moradores de Gevingey, no departamento de Jura, entendendo que este casamento vai ser contratado seguindo as formas civis e eclesiásticas.

<Assinado em Saint Paul, este... >

Peço-lhe que me envie com a mesma carta a certidão de óbito da minha mãe que também é necessário. "

Philippe casou-se (segundo) com MARIE-MADELEINE JACQUELIN LAVALLEE em 25 de Novembro 1815. Ela nasceu em Saint-Paul-Cap-de-Joux, na França. Sua data da morte é desconhecida.

Philippe Pinel nasceu 20 de Abril, 1745, durante a ausência temporária de sua mãe, de St. Paul, em St. Andre, França. Seu pai era um médico do interior, com cinco filhos para sustentar, cuja educação se preocupava bastante para contratar um tutor privado.

Notas do registro de batismo: filho de Philippe Pinel, mestre cirurgião e Élisabeth Dupuy. Padrinho: Barthélémi Pinel, avô paterno. Madrinha Margueritte Bugarel, avó. Testemunha: Charles Dupuy, cirurgião mestre.

Em aparência pessoal, Pinel era de pequena estatura, mas bem proporcionado e de constituição forte. Ele tinha uma testa larga, alta e proeminente. Cabelo preto e nariz aquilino, o queixo arredondado, boca pequena, e um sorriso doce e afável. Sua personalidade era uma mistura de benevolência e de reflexão, seu porte reservado e austero. "Ao ver Pinel", diz Guillaume Dupuytren, "um teria imaginado que ele estava olhando para um sábio grego. Sua natureza era terna e sensível. Ele amava a beleza e sublimidade. Ele sempre manteve o gosto pela poesia, e era apaixonado com as obras-primas da antiguidade ". De fato, seu biógrafo narra que sua sensibilidade poética era tão extrema que, discursando de um destino tão repleto de glória e miséria como a da poetisa grega Sappho, ele chorava de emoção.

The American Journal Of Psychiatry Published Under The Auspices Of The American Medico-Psychological Association
   Editores Henry M. Hurd, M. D. G. Alder Blumer, M. D. Edward N. Brush, M. D. J. Montgomery Mosher, M. D.
   VOLUME LV
   _' The care of the human mind is the most noble branch of medicine.'-Grotius. BALTIMORE THE JOHNS HOPKINS PRESS 1898-99.

Educação
Cientifico: Lavaur School, Lavaur, France
Faculdade: Collège Les Clauzades, Lavaur, France
Escola Medica: MD, Collège de l'Esquille, Toulouse (1773)

Trabalho
Professor: Medical Pathology, University of Paris (1794-1826)

Asilo de Bicêtre (hospital para homens) Superintendente (1792-1794)

2 — Kremlin-Bicêtre (Seine). - l'Hospice.

Figura 5
Hospício Salpêtrière (hospital para mulheres) Superintendente
(1794-1826) – Figura 6

Academia de Medicina Francesa 1820
Academia de Ciências Francesa 1804
Honras
Ele recebeu a medalha de Cavalheiro da Legião de Honra em 1804.

Figura 7

Famoso médico francês, nascido em 20 de Abril de 1745, em Schloss Rascas, comunidade de Saint-André (Tarn), morreu em Paris em 26 de Outubro 1826. Filho e neto de médicos, ele foi admitido no doutorado em Toulouse em 1773. Ele começou dando aulas de matemática e traduziu várias obras científicas em Inglês para Francês. Finalmente, ele se dedica ao estudo das doenças mentais desde 1784.

Seu Traité Médico-Philosophique sur l'Aliénation Mentale foi o ponto de partida para todo o trabalho realizado, posteriormente nesta área.
Autor: Pinel, Philippe, 1745-1826
Assunto: Psiquiatria – Obras Iniciais a 1900; Psiquiatria - França
Editora: Paris, JA Brosson

Durante alguns anos após 1805 Pinel era médico pessoal de Napoleão Bonaparte, mas rejeitou a oferta de tornar-se médico da corte, pois isso levaria seus esforços para longe de seu trabalho como médico clínico, cientista e professor. Pinel foi eleito para a Académie des Sciences em 1804 e foi membro da Academia de Medicina desde a sua fundação em 1820.

PARIS ANCIEN

(Décès)  VILLE D _P_____ 12e

NOM ...... *Pinel*

Prénoms ......

Profession ...... *Philippe*

Date du Décès ...... *25 Octob. 1826*

Age ou date de naissance ... *81 ans*

Lieu de naissance ......

Domicile ... *12 B<sup>d</sup> de l Hopital*

Prénoms du père ......

Prénoms et noms de la mère ......

Marié à ......

Divorcé ou Veuf de ...... *Vincent*

Parenté des déclarants et renseignements sur le degré
de parenté des héritiers que vous pourriez connaître.

*M. Pinel petit fils*

*155 av. d Eylau*

Notas da morte:
Viúvo de Vincent. Declarado por M. Pinel, neto residente a 155
Ave d'Eylou

Enterrado: Cemitério do Père Lachaise, Paris, Ile-de-France, France
Plot: Division #18, 2nd row, U, 23 - Figura 8

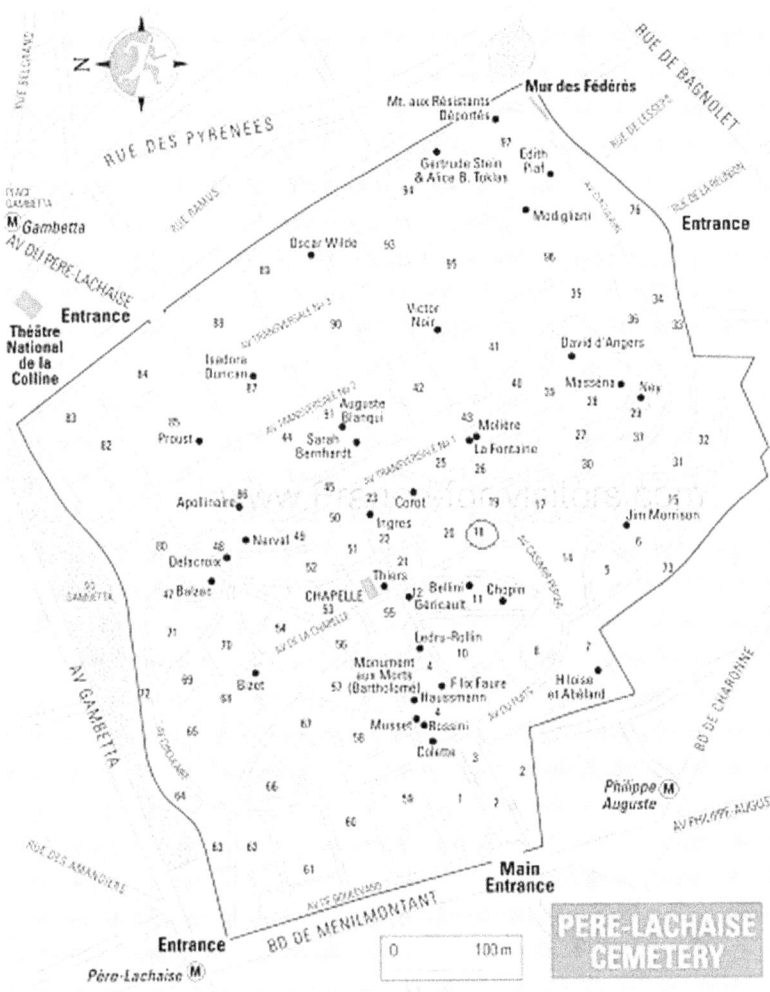

Mapa de Père Lachaise, circulo mostra divisão #18 onde Pinel esta enterrado.
http://france-for-visitors.com/

A moeda comemorativa foi cunhada pelo Medallic Art Co. NY
em 1970 e foi fundida em bronze. O reverso da medalha tem a
inscrição "Desencadeano os insano" e mostra uma imagem de três
homens liberam um doente mental das correntes em seus pulsos. O
anverso contém um busto de Pinel, com seu nome, datas de
nascimento e morte, e a inscrição "O psiquiatra francês" em torno da
imagem. A medalha mede 1 ¾ polegadas de diâmetro

Figura 9

Uma imagem de "o pai da psiquiatria moderna" no pátio do bloco de estábulos no terreno do Hospital. Royal de Edinburgh

Escultura da cabeça de Pinel no Hospital de Edinburg
Figure 10

Estatua do Psiquiatra Philippe Pinel em fronte da entrada do
Hospital de la Salpêtrière em Paris, France.

Figura 11

Selo comemorativo de Pinel

Figura 12

Placa da Rua Pinel

Figura 13
Localizada no bairro de Salpetriere no 13 ° arrondissement de Paris.

Philippe Dupuy Pinel e Jeanne Françoise Vincent tiveram as seguintes crianças *(geração 5):*

Philippe com Scipion e Jeanne com Charles - 1807 pintura
de Julie Forestier
Figura 14

5.    i. **CHARLES VINCENT[5] PINEL** (Philippe Dupuy[4], Philippe François Escribe[3], Barthelemí Oliene[2], Scipion) nasceu em 27 de Abril de 1802 em Paris, Ille-de-France, na França. Ele morreu em 18 de Julho 1871 em Nova Friburgo, Rio de Janeiro, BR ( Paróquia São João Baptista ). Ele se casou com **MARIE CATHERINE RIME**, filha de Felix Rime e Veronique Marie Tornare em 27 de Abril de 1835 em Nova Friburgo, Rio de Janeiro, BR. Ela nasceu em 1816 em Charmey, Fribourg, Suíça ( São Lourenço de Charmey ). Marie Catherine faleceu no dia 5 de Agosto de 1890 em Nova Friburgo, Rio de Janeiro, BR.

5.    ii. SCIPION PHILIPPE VINCENT[5] PINEL(Philippe Dupuy 4, Philippe François Escribe[3], Barthelemí Oliene[2], Scipion) nasceu em 22 de Março de 1795 em Paris, Ile-de-France, na França. Ele morreu em 17 de Dezembro 1859, em Paris, Ile-de-France, na França. Casou-se com HARMONIE MARGARIDA LEFEBVRE em 03 de Abril de 1824 em Paris, Ile-de-France, França (Igreja St Jean-François). Ela nasceu em Saint-Paul-Cap-de-Joux, na França. Sua data da morte é desconhecida.

5.    iii.    MARIE[5] VINCENT[5] PINEL(Philippe Dupuy 4, Philippe François Escribe[3], Barthelemí Oliene[2], Scipion) nasceu em Paris, Ile-de-France, France. Sua data de morte é desconhecida.

4.    CHARLES DUPUY[4] PINEL (Philippe François Escribe[3], Barthelemí Oliene[2], Scipion) nasceu em 13 de Fevereiro 1748 em Saint-Paul-Cap-de-Joux, France. Ele se casou com JEANNE ARQUIE. Seus padrinhos de batizado foram Jean Pinel e Marianne Dupuy.

Charles Dupuy Pinel e Jeanne Arquie tiveram dois filhos *(geração 5)*:

5.    i.    LOUISE HELIODORE ARQUIE[5] PINEL (Charles Dupuy[4], Philippe François Escribe[3], Barthelemí Oliene[2], Scipion) nasceu 10 Abril 1790 em Saint Paul-Cap-de-Joux, Tarn FR. Seus padrinhos foram: Louis Pinel, cirurgião e Louise Guilidmam.

5.    ii.    JEAN PIERRE FLORENTIN ARQUIE[5] PINEL (Charles Dupuy[4], Philippe François Escribe[3], Barthelemí Oliene[2], Scipion)  nasceu 23 Janeiro 1792 em Saint Paul-Cap-de-Joux, Tarn FR.

Notas do Batismo:
Padrinho: Jean Pierre Pinel, padre da Igreja de St Paul
Madrinha: Marie Arquier

4.    PIERRE-LOUIS DUPUY[4] PINEL (Philippe François Escribe[3], Barthelemí Oliene[2], Scipion[1]) nasceu em 1752 em Saint-Paul-Cap-de-Joux, na França. A data de sua morte é desconhecida. Casou-se com LOUISE GUILLEMAND

> Pierre-Louis Dupuy Pinel e Louise Guillemand os seguintes filhos *(geração 5)*

5.    i. CASIMIR (JEAN PIERRE) GUILLEMAND[5] PINEL (Louis Dupuy[4], Philippe François Escribe[3], Barthelemí Oliene[2], Scipion) nasceu em 16 de Julho de 1800 em Tarn, Midi-Pyrénées, França. Ele faleceu em 05 de Dezembro de 1866, em Neuilly-sur-Seine,  França.

5.    ii.    JEAN MAURICE SCIPION GUILLEMAND[5] PINEL (Louis Dupuy[4], Philippe François Escribe[3], Barthelemí Oliene[2], Scipion)  nasceu em 02 de Novembro 1792 em Saint Paul-Cap-de-Joux, Tarn FR.

> Batizado em 4 de Novembro
> Filho de Louis Pinel, cirurgião e Louise Guillemand Pinel
> Padrinho: Jean Pinel, de Barbet
> Madrinha: Jeanne Marie Pinel, irmã
> Testemunhas: Philippe Pinel, avô e François Bourrel

4.    JEAN PIERRE DUPUY[4] PINEL (Philippe François Escribe[3], Barthelemí Oliene[2], Scipion[1]) nasceu em 07 de Outubro 1755 em Saint-Paul-Cap-de-Joux, France. Casou-se com MARIANNE

OULIAC.

> Notas de Batismo:
> Padrinho: Jean Durand
> Madrinha: Élisabeth Lafend

Jean Pierre Dupuy Pinel e Marianne Ouliac tiveram os seguintes filhos *(geração 5)*

> 5.   i.   JEAN PIERRE OULIAC[5] PINEL (Jean Pierre Dupuy[4], Philippe François Escribe[3], Barthelemí Oliene[2], Scipion) nasceu em 1790 em Saint Paul-Cap-de-Joux, Tarn FR.

> 5.   ii.   LOUIS OULIAC[5] PINEL (Jean Pierre Dupuy[4], Philippe François Escribe[3], Barthelemí Oliene[2], Scipion) nasceu em 17 de Setembro 1792 em Saint Paul-Cap-de-Joux, Tarn FR.

> > Notas de Batismo:
> > Padrinho: Louis Moreau
> > Madrinha: Jeanne Bastie

# 5

## JEANNE FRANÇOISE VINCENT
### E Seus Antepassados

### **VINCENT-PATRUS**

1. **FRANÇOIS**[1] **VINCENT** nasceu cerca de 1668. Casou-se com **CLAIRE CHARRIERE**. Ela nasceu em 1673 em Saint-Paul-Cap-de-Joux, na França. Claire morreu em 1723.

François Vincent e Claire Charriere tiveram um filho:

2.    i. **DESIRE**[2] **VINCENT** nasceu entre 1699-1700 em Saint-Paul-Cap-de-Joux, na França. Casou-se com **FRANÇOISE PATRUS**. Françoise nasceu em 1705 em Saint-Paul-Cap-de-Joux, na França e morreu em 1766. Desiré morreu em 1750.

### Geração 2

2. **DESIRE**[2] **VINCENT** (François[1]) nasceu entre 1699-1700 em Saint-Paul-Cap-de-Joux, na França. Ele morreu em 1750. Casou-se com **FRANÇOISE PATRUS**, filha de JEAN PATRUS (nascido em 1676 em Gevingey, Jura, Franche-Comté, FR e morreu depois de 1734). Sua mãe era DENISE JANETJEAN (nascida em 1681 na França e morreu depois de 1734 em Gevingey, Jura, Franch-Comté, FR) Françoise nasceu em 1705 em Saint- Paul-Cap-de-Joux, na França e morreu em 1766.

Desire Vincent e Françoise Patrus tiveram os seguintes filhos *(geração 3):*

42

3. i. **JEAN³ VINCENT** (Desire², François¹) nasceu em 10 de Fevereiro de 1727 em Gevingey, Franche-Comté, na França. Ele se casou com **JEANNE FRANÇOISE GINDRE**, Jean morreu antes de 1792.

3 ii. PIERRE JOACHIM³ VINCENT (Desire², François¹) nasceu em 1724 em Gevingey, Franche-Comté, France.

## Geração 3

3. **JEAN³ VINCENT** (Desire², François¹) nasceu em 10 de Fevereiro de 1727 em Gevingey, Franche-Comté, na França. Ele se casou com **JEANNE FRANÇOISE GINDRE**, filha de **ANTOINE GINDRE** e **JOSEPHTE MATTHIEU** em 24 de novembro de 1750 em Gevingey, Jura, Franche-Comté, na França. Jeanne nasceu em 14 de Outubro, 1728 em Geruge, Jura, Franche-Comté, na França.

Jean Vincent e Jeanne Françoise Gindre tiveram os seguintes filhos *(geração 4)*

4. i. PIERRE⁴ GINDRE VINCENT (Jean³, Desire², François¹)

4. ii. JEAN-FRANÇOIS⁴ GINDRE VINCENT (Jean³, Desire², François¹) nasceu em 1748 em Saint- Paul-Cap-de-Joux, na França. Ele morreu em 1798. Casou-se com Jeanne-Marie Nicolas em 23 de Novembro de 1784 em Macornay, 39306, Jura, Franche-Comté, na França. Ela nasceu em 1758 em Saint-Paul-Cap-de-Joux, na França e morreu em 1813.

4. iii. **JEANNE FRANÇOISE⁴ GINDRE VINCENT** (Jean³, Desire², François¹) nasceu em 03 de Julho de 1768 em Geruge, Franche-Comté, na França. Ela morreu em 1812. Jeanne se casou com **PHILIPPE PINEL DUPUY**, filho de PHILIPPE FRANÇOIS ESCRIBER PINEL e ÉLISABETH DUPUY em 20 de Março de 1792 em Paris, Ile-de-France, na França. Philippe nasceu em 20 de Abril, 1745 em Saint André, Tarn, França e morreu em 25 de Outubro de 1826 em Paris.

## GINDRE

1. **LAURENT[1] GINDRE**. Casou-se com **CLAUDINE BOUILLOT.**

Laurent Gindre nasceu em Geruge, Jura, France cerca 1666. Seus pais eram Claude Gindre e Senhora Claude Gindre.

Ele se casou com Claudine Bouillot cerca 1689 em Geruge, Jura, France. Claudine Bouillot nasceu em Geruge, Jura, France cerca 1668.

Eles tiveram seis filhos *(geração 2)*:

2.    i.    JEAN BENOIT[2] BOUILLOT GINDRE nasceu cerca 1690.

2.    ii.    CLAUDE[2] BOUILLOT GINDRE nasceu cerca 1692.

2.    iii.    **ANTOINE[2] BOUILLOT GINDRE** nasceu em 1694.

2.    iv.    CECILE[2] BOUILLOT GINDRE nasceu em 1696.

2.    v.    CLAUDE FRANÇOIS[2] BOUILLOT GINDRE batizada em  14 de Setembro de 1707.

2.    vi.    CLAUDIA JOSEPHTE[2] BOUILLOT GINDRE batizada 28 de Fevereiro de 1711

## Geração 2

2.    **ANTOINE[2] BOUILLOT GINDRE** (Laurent[1])  nasceu em 1694 em Geruge, Jura, Franche-Comté, na França. Ele morreu em 07 de Dezembro de 1739 em Geruge, Jura Franche-Comté, na França. Casou-se com **JOSEPHTE MATTHIEU** em 19 de Janeiro, 1724 em Geruge, Jura Franche-Comté, na França. Josephte nasceu em 1696 em Geruge, Jura, Franche-Comté, na França

Antoine Gindre e Josephte Matthieu  tiveram os seguintes filhos *(geração 3):*

3.   i.   JOSEPHTE[3] MATTHIEU GINDRE (Antoine[2], Laurent[1])  nasceu em 02 de Dezembro de 1724 em Geruge, Jura, Franche-Comté, France.

3.   ii.   CLAUDE BENOIT[3] MATTHIEU GINDRE (Antoine[2], Laurent[1]) nasceu em 26 de Dezembro de 1726 em Geruge, Jura, Franche-Comté, France.

3.   iii.   **JEANNE FRANÇOISE[3] MATTHIEU GINDRE** (Antoine[2], Laurent[1]) nasceu em 14 de Outubro de 1728 em Geruge, Jura, Franche-Comté, na França. Ela se casou com **JEAN VICENT**, filho do DESIRE VICENTE e FRANÇOISE PATRUS em 24 de Novembro de 1750 em Gevingey, Jura, Franche-Comté, na França. Jean nasceu em 10 de Fevereiro de 1727 em Gevingey, Franche-Comté, na França.

3.   iv.   CLAUDIA MARIA[3] MATTHIEU GINDRE (Antoine[2], Laurent[1]) nasceu em 18 de Março de 1730 em Geruge, Jura, Franche-Comté, France.

3.   v.   JEANNE BAPTISTE[3] MATTHIEU GINDRE (Antoine[2], Laurent[1]) nasceu em 25 de Julho de 1732 em Geruge, Jura, Franche-Comté, France.

3.   vi.   PIERRETTE LOUISE[3] MATTHIEU GINDRE (Antoine[2], Laurent[1]) nasceu em 02 de Maio de 1735 em Geruge, Jura, Franche-Comté, France.

3.   vii.   PIERRE[3] MATTHIEU GINDRE (Antoine[2], Laurent[1]) nasceu em 12 de Maio de 1737 em Geruge, Jura, Franche-Comté, France e morreu em  09 de Dezembro de 1739.

# Geração 3

3.   **JEANNE FRANÇOISE[3] GINDRE** (Antoine[2], Laurent[1]) nasceu em 14 de Outubro de 1728 em Geruge, Jura, Franche-Comté,

na França. Ela se casou com **JEAN VICENT**, filho de DESIRE VINCENT e FRANÇOISE PATRUS em 24 de Novembro de 1750 em Gevingey, Jura, Franche-Comté, na França. Ele nasceu em 10 de Fevereiro de 1727 em Gevingey, Franche-Comté, na França.

Jean Vincent e Jeanne Françoise Gindre tiveram os seguintes filhos *(geração 4)*:

4.   i.   PIERRE⁴ GINDRE VINCENT.

4.   ii.   JEAN-FRANÇOIS⁴ GINDRE VINCENT nasceu em 1748 em Saint-Paul-Cap-de-Joux, na França. Ele morreu em 1798. Casou-se com JEANNE-MARIE NICOLAS em 23 de Novembro de 1784 em Macornay, 39306, Jura, Franche-Comté, na França. Ela nasceu em 1758 em Saint-Paul-Cap-de-Joux, na França e morreu em 1813.

4.   iii.   **JEANNE FRANÇOISE⁴ GINDRE VINCENT** nasceu no dia 13 de Julho, 1768 em Geruge, Franche-Comté, na França. Ela morreu em 1812. Jeanne se casou com **PHILIPPE PINEL DUPUY**, filho de PHILIPPE FRANÇOIS (ESCRIBER) PINEL e ELISABETH DUPUY em 20 de Março de 1792 em Paris, Ile-de-France, na França. Philippe nasceu em 20 de Abril, 1745 em Saint André Tarn, França. Ele morreu em 25 de Outubro de 1826 em Paris, Paris, Ile-de-France, na França.

Registro do batismo de Jeanne Françoise Gindre Vincent

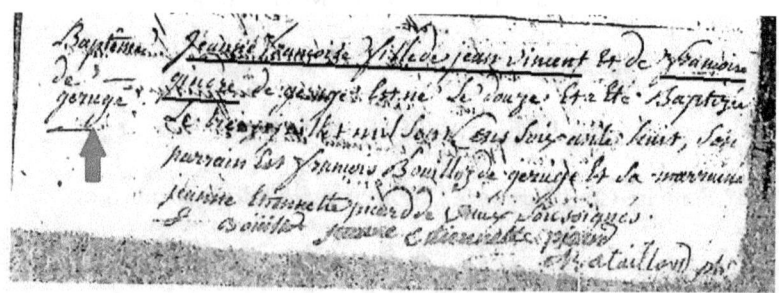

Padrinho: François Bouilloz, de Geruge
Madrinha: Jeanne Lhannetie

# 6

## CHARLES VINCENT PINEL
### E As Próximas Gerações

Charles Pinel

Figura 15

## Geração 5

5.   **CHARLES VINCENT[5] PINEL** (Philippe Dupuy[4], Philippe François Escribe[3], Barthelemí Oliene[2], Scipion[1]) nasceu em 27 de Abril de 1802 em Paris, Ille-de-France, na França. Ele morreu em 18 de Julho 1871 em Nova Friburgo, Rio de Janeiro, BR (Paróquia São João Baptista). Ele se casou com **MARIE CATHERINE RIME**, filha de FELIX RIME e MARIE VERONIQUE TORNARE em 27 de Abril de 1835 em Nova Friburgo, Rio de Janeiro, BR. Marie Catherine nasceu em 1816 em Charmey, Fribourg, Suíça ( São Lourenço de Charmey). Ela morreu no dia 5 de Agosto de 1890 em Nova Friburgo, Rio de Janeiro, BR.

Charles Vincent Pinel chegou a Nova Friburgo, Rio de Janeiro, Brasil em 1830.

Naturalista francês nascido em Paris, 1802. Filho do famoso psiquiatra Philippe Pinel. Após a formatura, ele começou a escrever peças de teatro e artigos políticos. Ele foi preso por suas idéias em oposição ao regime monárquico. Era hora de seguir em frente, e Charles decidiu fazer uma viagem ao Brasil, chegando em 1830.

Casou-se em Abril 24, 1835 com MARIE CATHERINE RIME, de Charmey.

Marie Catherine Rime chegou a  in Nova Friburgo, Rio de Janeiro, Brasil no dia 27 Abril 1832

*( veja a história dos Rimes no Capítulo 8)*

Marie Catherine Rime

Figura 16

Até o século XIX, algumas pessoas desta família usavam a duas formas Rime e Remy. A partir de 1850 (Lei de 1849/11/20 que institui a ortografia oficial de sobrenomes no cantão de Freiburg) os sobrenomes foram definidos de acordo com os diferentes ramos, na forma Rime, Remy e Remy na Suíça. No Brasil, a família resolveu ficar com a ortografia Rimes.

Fonte: Compilado de informações publicadas em diversas fontes, incluindo o livro de Lucy Lupia Pinel Balthazar

Charles vivia em Nova Friburgo, no Estado do Rio de Janeiro. Lá ele desenvolveu uma paixão pela botânica e pela cultura de orquídeas. Ele também deu seu nome a vários espécimes e adquiriu uma reputação internacional. Em 1853, o gênero " Pinelia " foi criado por John Lindley baseado no material fornecido por Charles Pinei.

Fonte: Compilação de informações publicadas em várias fontes, incluindo, mas não limitado ao Pinellistique web site ( http://www.pinel.org ) e no livro por Lucy Lupia Pinel Balthazar

cattleya pinelli – Figura 17

A partir do
___http://purl.oclc.org/net/edu.harvard.huh/guid/uuid/53b571fb-
b09c-4871-96ff-c0bef06a93e4

"Exemplo de Nome  Publicado: Oncidium flabelliferum C. Pinel
ex Paxton, Mag Paxton 's. Bot. 16: 65. 1849. Ref: "O francês, Charles
Pinel (fl. 1840), um ex-comerciante no Brasil, e Morel em St. Mande,
perto de Paris, foram grandes entusiastas; plantas com seus nomes
dão testemunho, e honram os seus esforços." (Em . touro Bromélia
Soc 4 (3):.. 47 1954). Eponymy: Aechmea pineliana Baker;
Echinostachys pineliana Brongn. ex Planch;. Neoregelia pineliana
LBSm;. pinelianum Nidularium Lem;. Oncidium pinellianum Lindl ".

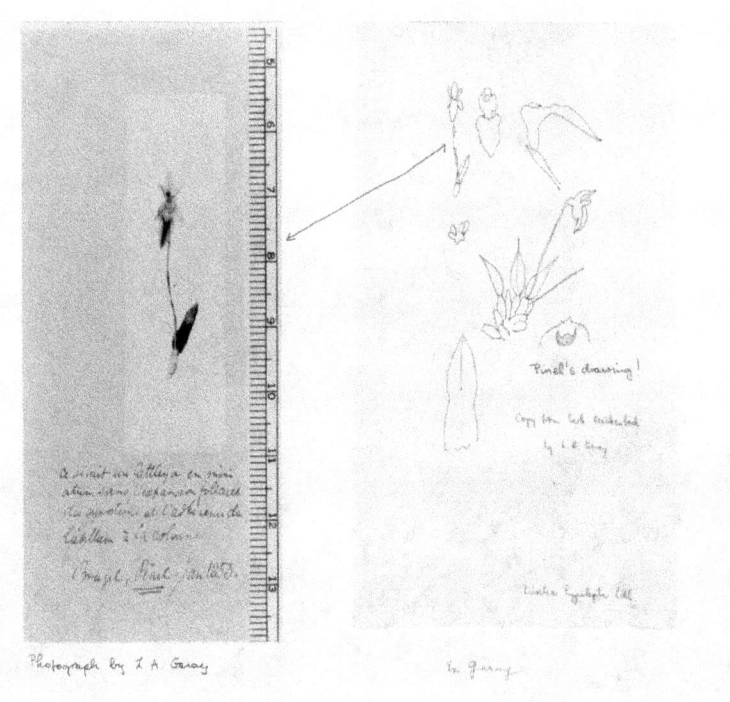

Notas do caderno de Charles Pinel em Janeiro 1853

Moradia: 1838 em Nova Friburgo - RJ, Brasil; Cascata Pinel (uma cachoeira de 16 metros e meio de altura) na beirada do Rio Grande

Cascata Pinel foto antiga – Figura 18

Cascata Pinel hoje em dia – Figura 19

Eles foram casados na Igreja de São João Baptista da Vila de Nova Friburgo.

*Marie Catherine e Charles Pinel*

Certidão de Casaento de Marie Catherine e Charles Pinel
em 27 de abril 1835

Figura 20

53

Charles morreu em Julho 18, 1871. - Certificado de Óbito
Figura 21

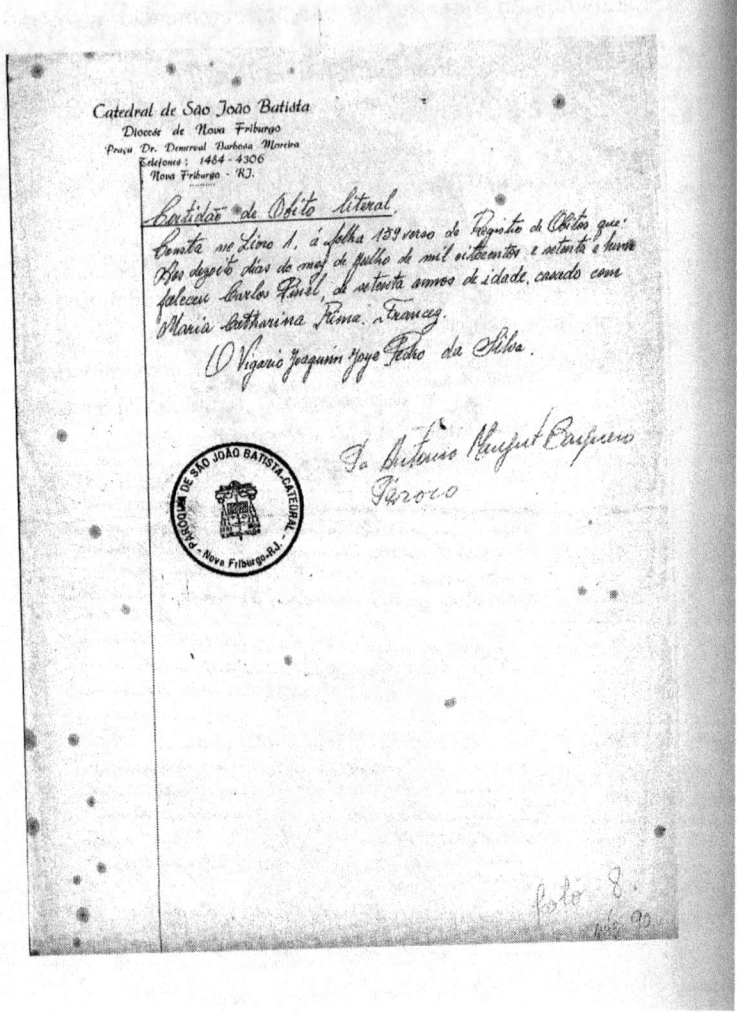

Charles Vincent Pinel e Marie Catherine Rime tiveram os
seguintes filhos *(geração 6)*

6. i. MARIA LEONTINA RIME[6] PINEL nasceu em 23
de Abril de 1837 em Nova Friburgo, Rio de Janeiro, BR..

6.    ii.    CYPRIANO LUIZ FELIPE RIME[6] PINEL nasceu em 08 de Maio de 1841 em Nova Friburgo, Rio de Janeiro, BR.

6.    iii.    JOANNA HONORINA AMADA RIME[6] PINEL nasceu em 12 de Março de 1845 em Nova Friburgo, Rio de Janeiro, BR. Sua data de morte não é conhecida. E casou-se com JANUARIO JOSÉ FREITAS. Ele nasceu em São João - Ilha Da Madeira - Portugal.

6.    iv.    CARLOS SCIPIÃO RIME[6] PINEL nasceu em 22 de Abril 1847 em Nova Friburgo, Rio de Janeiro, BR. A data de sua morte é desconhecida. Casou-se com VIRGINIA DE SOUZA. Ela nasceu em 1872 em Friburgo e morreu em 1938.

6.    v.    CLARA (MARIA) DOROTEA RIME[6] PINEL nasceu em 11 de Agosto de 1849 em Nova Friburgo, Rio de Janeiro, BR.

6.    vi.    LUIZ LEÃO RIME[6] PINEL nasceu em 25 de Dezembro de1852 em Nova Friburgo, Rio de Janeiro, BR. Ele morreu em 1922. Casou-se com MARIA CRISTINA RIMES

6.    vii.    AMELIA RIME[6] PINEL nasceu em 27 de Julho de 1854 em Nova Friburgo, Rio de Janeiro, BR.

6.    viii. **HENRIQUE CAMILO RIME[6] PINEL** nasceu em 14 de Julho de 1858 em Nova Friburgo, Rio de Janeiro, BR. Ele morreu em 29 de Agosto 1933, em Manhumirim, Minas Gerais, BR. Casou-se com **FRANCISCA RIBEIRO**.

6.    ix.    MANOEL MEDEIROS[6] PINEL (escravo adotado) nasceu em 1864 em Nova Friburgo, Rio de Janeiro, Brasil. Ele morreu em 25 de Junho de 1939, em Nova Friburgo, Rio de Janeiro, Brasil.

5.    SCIPION PHILIPPE VINCENT[5] PINEL (Philippe Dupuy[4], Philippe François Escribe[3], Barthelemí Oliene[2], Scipion[1]) nasceu em 22 de Março de 1795 em Paris, Ile-de-France, na França. Ele morreu em 17 de Dezembro 1859, em Paris, Ile-de-France, na

França. Casou-se com HARMONIE MARGARIDA LEFEBVRE em 03 de Abril de 1824 em Paris, Ile-de-France, França (St Jean-François St ). Ela nasceu em Saint-Paul-Cap-de-Joux, na França. Sua data da morte é desconhecida.

Notas Casamento:
Noivo: Scipion Pinel, doutor de medicina
Endereço: 2314 Torres, Montmartre

Pais: Philippe e Françoise Vincent (falecida)
Testemunha: C. Pinel, irmão e JD Esquirol, amigo

Scipion Vincent Philippe Pinel e Harmonie Marguerite Lefebvre tiveram os seguintes filhos *(geração 6):*

6.    i.    AIMÉE DESIRÉE LEFEBVRE[6] PINEL nasceu em 1840 em Paris, Ile-de-France, na França. Sua data da morte é desconhecida. Ela se casou com EDOUARD JELES LEMIRE ( LEMAIRE ) em 03 de Maio de 1849 em Paris, Ile-de-France, França (Freguesia de St Jean - St François ). A data de sua morte é desconhecida

6.    ii.    CHARLES PHILIPPE LEFEBVRE[6] PINEL nasceu em 19 de Janeiro de 1828 em Paris, Ile-de-France, na França. Ele morreu em 31 de Maio de 1895, em Paris, Ile-de-France, na França

5.    CASIMIR (JEAN PIERRE) GUILLEMAND[5] PINEL (Louis Dupuy[4], Philippe François (Escribe)[3], Barthelemí Oliene[2], Scipion[1]) nasceu em 16 de julho de 1800 em Tarn, Midi-Pyrénées, França. Ele faleceu em 05 de Dezembro de 1866, em Neuilly-sur-Seine, França

Casimir (Jean Pierre) Pinel teve uma filha *(geração 6)*

6.    i.    FANNY MIRA[6] PINEL nasceu cerca de 1835 em Saint-Paul-Cap-de-Joux, na França. Sua data da morte é desconhecida. Ela se casou com ARMAND SEMELAIGNE. Ele nasceu em Saint-Paul-Cap-de-Joux, na França.

Casimir Pinel

Figura 22

5.   JEAN PIERRE[5] PINEL (Jean Pierre Dupuy[4], Philippe François Escribe[3], Barthelemí Oliene[2], Scipion[1]) nasceu em 1790 em Saint Paul-Cap-de-Joux, Tarn FR.

Jean Pierre Pinel teve um filho *(geração 6)*

6.   i.   JEAN PIERRE[6] PINEL nasceu em 1815. Sua data de morte é desconhecida.

# Geração 6

6. CARLOS SCIPIÃO RIME[6] PINEL (Charles Vincent[5], Philippe Dupuy[4], Philippe François Escribe[3], Barthelemí Oliene[2], Scipion[1]) nasceu em 22 de Abril 1847 em Nova Friburgo, Rio de Janeiro, BR. A data de sua morte é desconhecida. Casou-se com VIRGINIA DE SOUZA. Ela nasceu em 1872 em Nova Friburgo. Ela morreu em 1938.

Carlos Scipião Rime Pinel e Virginia de Souza tiveram os seguintes filhos *(geração 7):*

> 7. i. JULIO ZACHARIAS SOUZA[7] PINEL nasceu em 1895. Ele morreu no dia 7 de Julho de 1901 em Nova Friburgo, Rio de Janeiro, BR.

> 7. ii. MARTINHA ZILDA SOUZA[7] PINEL nasceu em 20 de Março 1905, em Nova Friburgo, Rio de Janeiro, BR. Sua data da morte é desconhecida. Ela se casou com EDMUNDO PEREIRA BALTHAZAR. Ele nasceu em BR.

> 7. iii. DOMINGOS DE SOUZA[7] PINEL nasceu em 20 de Dezembro de 1906 em Nova Friburgo, Brasil.

> 7. iv. SINEZIA SOUZA[7] PINEL nasceu em 24 de Maio de 1908 em Nova Friburgo, Rio de Janeiro, BR. Ela morreu em 24 de Junho 1990, em Nova Friburgo - RJ, Brasil. Casou-se com MIGUEL CANTELMO em 26 de Maio de 1931, em Nova Friburgo, Rio de Janeiro, BR. Ele nasceu em 06 de Fevereiro de 1897, em Nova Friburgo, Rio de Janeiro, BR. Ele morreu em 15 de Março 1990, em Nova Friburgo, RJ, Brasil.

> 7. v. THEOTIMA SOUZA[7] PINEL nasceu em 18 de Dezembro 1909, em Nova Friburgo, Rio de Janeiro, BR. Sua data da morte é desconhecida.

> 7. vi. JOVINIANO DE SOUZA[7] PINEL nasceu em 05 de Maio de 1911, em Nova Friburgo, Rio de Janeiro, BR. A data de sua morte é desconhecida.

7.	vii.	CELINA CLEMENTINA DE SOUZA[7] PINEL nasceu em 14 de Janeiro de 1913 em Nova Friburgo, Rio de Janeiro, BR.

7.	viii.	HONORIA CECILIA SOUZA[7] PINEL nasceu em BR. Sua data da morte é desconhecida. Casou-se com OSWALDO BALTHAZAR. Ele nasceu no BR. A data de sua morte é desconhecida.

7.	ix.	QUIRINO SOUZA[7] PINEL.

7.	x.	BELMIRO SCIPIÃO SOUZA[7] PINEL.

7.	xi.	ESTEVAM SOUZA[7] PINEL.

7.	xii.	MAURICIO GETULIO SOUZA[7] PINEL.

7.	xiii.	HERCILIA JUSTINA SOUZA[7] PINEL.  Ele nasceu em 1912.

7.	xiv.	ADELINA SOUZA[7] PINEL.

7.	xv.	TRANQUILINA SOUZA[7] PINEL.

7.	xvi.	JOÃO CARLOS SOUZA[7] PINEL.

7.	xvii.	ALIPEA SOUZA[7] PINEL. Ela se casou com JOÃO ALFREDO TRANIN em 27 de Abril de 1922, em Nova Friburgo, Rio de Janeiro. Ele nasceu em 30 de Setembro 1889, em Nova Friburgo, Rio de Janeiro, BR. Ele morreu em 18 de Junho 1937 em Nova Friburgo, Rio de Janeiro, BR.

6.	CLARA (MARIA) DOROTEA RIME[6] PINEL (Charles Vincent[5], Philippe Dupuy[4], Philippe François Escribe[3], Barthelemí Oliene[2], Scipion[1]) nasceu em 11 de Agosto de 1849 em Nova Friburgo, Rio de Janeiro, BR. Sua data da morte é desconhecida. Ela se casou com MANUEL NUNES DA ROSA, data de morte desconhecida.

Manuel Nunes da Rosa e Clara (Maria) Dorotea Rime Pinel

tiveram os seguintes filhos *(geração 7)*

7.   i.   SILVINO PINEL[7] ROSA.

7.   ii.   JOSEFINA PINEL[7] ROSA.

7.   iii.   ERNESTA PINEL[7] ROSA.

7.   iv.   DELMIRA PINEL[7] ROSA.

7.   v.   MARIA PINEL[7] ROSA.

7.   vi.   MAXIMILIANO PINEL[7] ROSA.

7.   vii.   JOÃO PINEL[7] ROSA.

7.   viii.   AMELIA PINEL[7] ROSA.

7.   ix.   MANUEL PINEL[7] ROSA.

6.   LUIZ LEÃO[6] RIME PINEL (Charles Vincent[5], Philippe Dupuy[4], Philippe François Escribe[3], Barthelemí Oliene[2], Scipion[1]) nasceu em 25 de Dezembro 1852 em Nova Friburgo, Rio de Janeiro, BR. Ele morreu em 1922. Casou-se com MARIA CRISTINA RIMES e data da morte também é desconhecida.

Luiz Leão Rime Pinel e Maria Cristina Rimes tiveram um filho *(geração 7)*

7.   i.   ALFREDO LEÃO RIMES[7] PINEL.

6.   **HENRIQUE CAMILO-RIME[6] PINEL** (Charles Vincent[5], Philippe Dupuy[4], Philippe François Escribe[3], Barthelemí Oliene[2], Scipion[1]) nasceu em 14 de Julho, 1858 em Nova Friburgo, Rio de Janeiro, BR. Ele morreu em 29 de Agosto 1933, em Manhumirim, Minas Gerais, BR. Casou-se com **FRANCISCA RIBEIRO**. Ela nasceu no Brasil e sua data da morte é desconhecida.

Henrique Camilo (Rime) Pinel e Francisca Ribeiro tiveram os seguintes filhos *( geração 7)*

7.   i.   MORENINHA RIBEIRO[7] PINEL nasceu em BR. Sua data da morte é desconhecida.

7.   ii.   PALMERINDA (ZINHA) RIBEIRO[7] PINEL nasceu em Minas Gerais, BR. Ela se casou com EMILIO SEGAL. Sua data da morte é desconhecida.

7.   iii.   **HERMENEGILDO CAMILO RIBEIRO[7] PINEL** nasceu em 1902 em Cantagalo, no Espírito Santo, BR. Ele morreu em 11 de Março de 1965. Casou-se com **HILDA BARREIRO SILVA**. Ela nasceu em 1904 em Minas Gerais, BR. Ela morreu em 25 de Março de 1955, em Lajinha, Minas Gerais, BR.

7.   iv.   CARLOS ALADIM RIBEIRO[7] PINEL nasceu em BR. Casou-se com CAROLINA CAMPOS. A data de sua morte é desconhecida

7.   v.   MARIA DA GLORIA (ZICA) RIBEIRO[7] PINEL nasceu em 24 de April1 898 em Manhumirim, Minas Gerais, BR. Sua data da morte é desconhecida. Casou-se com LUIZ ANTONIO HOTT em 03 de Fevereiro de 1913, em Manhumirim, Minas Gerais. Ele nasceu em Manhuaçu, Minas Gerais, BR. Ele morreu em 10 de Fevereiro 1969, em Ocidente, Minas Gerais, BR.

7.   vi.   SEBASTIÃO (ZITO) RIBEIRO[7] PINEL nasceu em BR. À data de sua morte é desconhecida.

7.   vii.   ZUZA RIBEIRO[7] PINEL em BR. A data de sua morte é desconhecida.

7.   viii.   Nome??? RIBEIRO[7] PINEL.

6.   AIMÉE DESIRÉE[6] PINEL (Scipion Philippe Vincent[5], Philippe Dupuy[4], Philippe François Escribe[3], Barthelemí Oliene[2], Scipion[1]) nasceu em 1840 em Paris, Ile-de-France, na França. Sua data da morte é desconhecida. Ela se casou com EDOUARD JULES LEMIRE ( LEMAIRE ) em 03 de Maio de 1849 em Paris, Ile-de-France, França (Freguesia St Jean - St François ). A data de sua morte

é desconhecida.

Notas do Casamento:
Pais do noivo: Jean Batista Lemaire e Margueritte Julie Closter Robart

Edouard Jules Lemire (Lemaire) e Aimée Desirée Pinel tiveram um filho *(geração 7)*:

7.   i.   JULES EDOUARD[7] LEMIRE nasceu em 06 de Novembro de 1861 em Favières, Seine-et-Marne. A data de sua morte é desconhecida. Ele se casou com MARIE CATHERINE BENOIT MILANI em 17 de Julho 1890 em Paris, Ile-de-France, na França. Ela nasceu em Saint-Paul-Cap-de-Joux, França

6.   FANNY MIRA[6] PINEL (Casimir (Jean Pierre)[5], Louis Dupuy[4], Philippe François Escribe[3], Barthelemí Oliene[2], Scipion[1]) nasceu cerca de 1835 em Saint-Paul-Cap-de-Joux, na França. Sua data da morte é desconhecida. Ela se casou com ARMAND SEMELAIGNE. Ele nasceu em Saint-Paul-Cap-de-Joux, na França. A data de sua morte é desconhecida

Armand Semelaigne e Fanny Mira Pinel tiveram os seguintes filhos *(geração 7)*:

7.   i.   FERNAND PINEL[7] SEMELAIGNE nasceu cerca de 1866 em Saint-Paul-Cap-de-Joux, France. A data de sua morte é desconhecida

7.   ii.   CASIMIR PINEL[7] SEMELAIGNE nasceu cerca de1854 em Saint-Paul-Cap-de-Joux, France. A data de sua morte é desconhecida

7.   iii.   RENE PINEL[7] SEMELAIGNE nasceu em 12 de Dezembro de 1855 em Neuilly-sur-Seine, France. Ele morreu em 16 de Novembro de 1934.

6.   JEAN PIERRE[6] PINEL (Jean Pierre[5], Jean Pierre Dupuy[4], Philippe François Escribe[3], Barthelemí Oliene[2], Scipion[1]) nasceu em

1815. A data de sua morte é desconhecida.

Jean Pierre Pinel teve uma filha *(geração 7)*:

7.   i.   MARIE[7] PINEL nasceu em 1852. Ela se casou com VICTOR LANGEVIN. A data de sua morte é desconhecida.

# Geração 7

7. MARTINHA ZILDA SOUZA[7] PINEL (Carlos Scipião Rime[6], Charles Vincent[5], Philippe Dupuy[4], Philippe François Escribe[3], Barthelemí Oliene[2], Scipion[1]) nasceu em 20 de Março de 1905 em Nova Friburgo, Rio de Janeiro, BR. A data de sua morte é desconhecida. Ela casou-se com EDMUNDO PEREIRA BALTHAZAR. Ele nasceu no Brasil. A data de sua morte é desconhecida.

> Edmundo Pereira Balthazar e Martinha Zilda Souza Pinel tiveram os seguintes filhos *( geração 8)*

> 8. i. RENATO EDMUNDO PINEL[8] BALTHAZAR.

> 8. ii. ROBERTO SILVIO PINEL[8] BALTHAZAR.

> 8. iii. CARLOS EDMUNDO PINEL[8] BALTHAZAR.

> 8. iv. LUCY LUPIA PINEL[8] BALTHAZAR.

7. DOMINGOS DE SOUZA[7] PINEL (Carlos Scipião Rime[6], Charles Vincent[5], Philippe Dupuy[4], Philippe François Escribe[3], Barthelemí Oliene[2], Scipion[1]) nasceu em 20 de Dezembro de 1906 em Nova Friburgo, Brasil. Ele se casou com ELVIRA.

> Domingos de Souza Pinel e Elvira tiveram os seguintes filhos *( geração 8)*:

> 8. i. MARCIO[8] PINEL.

> 8. ii. MARIA JOSE[8] PINEL.

> 8. iii. ADENIR[8] PINEL.

7. SINEZIA SOUZA[7] PINEL (Carlos Scipião Rime[6], Charles Vincent[5], Philippe Dupuy[4], Philippe François Escribe[3], Barthelemí Oliene[2], Scipion[1]) nasceu em 24 de Maio de 1908 em Nova Friburgo, Rio de Janeiro, BR. Ela morreu em 24 de Junho 1990, em Nova

Friburgo - RJ, Brasil. Casou-se com MIGUEL CANTELMO em 26 de Maio de 1931, em Nova Friburgo, Rio de Janeiro, BR. Ele nasceu em 06 de Fevereiro de 1897, em Nova Friburgo, Rio de Janeiro, BR. Ele morreu em 15 de Março 1990, em Nova Friburgo - RJ, Brasil.

Miguel Cantelmo e Sinezia Souza Pinel tiveram os seguintes filhos *( geração 8):*

8.   i.   HERCI PINEL[8] CANTELMO nasceu em 11 de Dezembro de 1935. Ela faleceu em 24 de Setembro de 1939.

8.   ii.   MARLI PINEL[8] CANTELMO nasceu em 12 de Setembro de 1938. Ela se casou com ANTONIO KLEIN DAUDT. Ele nasceu em 1937.

7.   THEOTIMA SOUZA[7] PINEL (Carlos Scipião Rime[6], Charles Vincent[5], Philippe Dupuy[4], Philippe François Escribe[3], Barthelemí Oliene[2], Scipion[1]) nasceu em 18 de Dezembro de 1909 em Nova Friburgo, Rio de Janeiro, BR. Ela casou-se com MILTON SISTON.

Milton Siston e Theotima Souza Pinel tiveram os seguintes filhos *( geração 8):*

8   i.   VIRGINIA LEDA PINEL[8] SISTON.

7.   JOVINIANO DE SOUZA[7] PINEL (Carlos Scipião Rime[6], Charles Vincent[5], Philippe Dupuy[4], Philippe François Escribe[3], Barthelemí Oliene[2], Scipion[1]) nasceu em 05 de Maio de 1911 em Nova Friburgo, Rio de Janeiro, BR. Sua data da morte é desconhecida. Ele casou-se com CELIA DE LIMA.

Joviniano de Souza Pinel e Célia de Lima tiveram os seguintes filhos *( geração 8):*

8.   i.   JOEL DE LIMA[8] PINEL

8.   ii.   RITA DE CÁSSIA[8] PINEL VIEIRA.

8.   iii.   JOCELY LIMA[8] PINEL MALTEZ.

8.    iv.    MARIA DE FÁTIMA DE LIMA[8] PINEL

8.    v.    JORGE DE LIMA[8] PINEL.

8.    vi.    JOSÉ LUIZ DE LIMA[8] PINEL nasceu em 20 de Abril de 1951 no Rio de Janeiro, Rio de Janeiro, BR.

7.    QUIRINO SOUZA[7] PINEL (Carlos Scipião Rime[6], Charles Vincent[5], Philippe Dupuy[4], Philippe François Escribe[3], Barthelemí Oliene[2], Scipion[1]). Ele se casou com REINALDA.

Quirino Souza Pinel e Reinalda tiveram o seguinte filho *( geração 8)*:

8.    i.    QUIRINO[8] PINEL.

7.    BELMIRO SCIPIÃO SOUZA[7] PINEL (Carlos Scipião Rime[6], Charles Vincent[5], Philippe Dupuy[4], Philippe François Escribe[3], Barthelemí Oliene[2], Scipion[1]). Ele casou-se com AUREA.

Belmiro Scipião Souza Pinel e Áurea tiveram os seguintes filhos *( geração 8)*:

8.    i.    ARLETTE[8] PINEL.

8.    ii.    VALDOIL[8] PINEL.

8.    iii.    ETEVALDO[8] PINEL.

7.    ESTEVAM SOUZA[7] PINEL (Carlos Scipião Rime[6], Charles Vincent[5], Philippe Dupuy[4], Philippe François Escribe[3], Barthelemí Oliene[2], Scipion[1]). Ele casou-se (primeiro) com MARIA DE PAULA

Estevam Souza Pinel e Maria de Paula tiveram o seguinte filho *(geração 8)*:

8.    i.    CARLOS CELSO DE PAULA[8] PINEL.

Estevam Souza Pinel casou-se (segundo) com ALICE

GONÇALVES eles tiveram os seguintes filhos *( geração 8):*

8. ii. ARIETTE GONÇALVES[8] PINEL.

8. iii. ELIETE GONÇALVES[8] PINEL.

8. iv. MILTON GONÇALVES[8] PINEL.

8. v. RICARDO GONÇALVES[8] PINEL.

8. vi. RENATO GONÇALVES[8] PINEL.

7. MAURICIO GETULIO SOUZA[7] PINEL (Carlos Scipião Rime[6], Charles Vincent[5], Philippe Dupuy[4], Philippe François Escribe[3], Barthelemí Oliene[2], Scipion[1]). Ele se casou com OLGA BAETA NEVES.

Mauricio Getulio Souza Pinel e Olga Baeta Neves tiveram o seguinte filho *( geração 8)*

8. i. CARLOS EDUARDO NEVES[8] PINEL.

7. HERCILIA JUSTINA SOUZA[7] PINEL (Carlos Scipião Rime[6], Charles Vincent[5], Philippe Dupuy[4], Philippe François Escribe[3], Barthelemí Oliene[2], Scipion[1]). Ela se casou com OTAVIO FRANCISCO ABRANTES. Ela nasceu com 1912.

Otavio Francisco Abrantes e Hercília Justina Souza Pinel tiveram os seguintes filhos *( geração 8)*

8. i. IRENE PINEL[8] ABRANTES.

8. ii. OSWALDO PINEL[8] ABRANTES.

8. iii. HILDA PINEL[8] ABRANTES.

8. iv. ISAURA PINEL[8] ABRANTES.

8. v. IRACY PINEL[8] ABRANTES.

8.    vi.   HOMERO PINEL[8] ABRANTES.

7.    ALIPEA SOUZA[7] PINEL (Carlos Scipião Rime[6], Charles Vincent[5], Philippe Dupuy[4], Philippe François Escribe[3], Barthelemí Oliene[2], Scipion[1]). Ela se casou com João Alfredo TRANIN em 27 de Abril de 1922, em Nova Friburgo, Rio de Janeiro. Ele nasceu em 30 de Setembro 1889, em Nova Friburgo, Rio de Janeiro, BR e morreu em 18 de Junho 1937 em Nova Friburgo, Rio de Janeiro, BR.

João Alfredo Trannin e Alínea Souza Pinel tiveram os seguintes filhos *( geração 8)*

8.    i.    CECILIA PINEL[8] TRANIN.

8.    ii.   CARLOS PINEL[8] TRANIN.

8.    iii.  WILSON PINEL[8] TRANIN.

7.    SILVINO PINEL[7] ROSA (Clara (Maria) Dorotea Rime[6], Charles Vincent[5], Philippe Dupuy[4], Philippe François Escribe[3], Barthelemí Oliene[2], Scipion[1]). Ele se casou com GOMES.

Silvino Pinel Rosa teve uma filha *(geração 8)*

8.    i.    CLARA GOMES[8] ROSA. Ela se casou com NUNES.

7.    ALFREDO LEÃO RIMES[7] PINEL (Luiz Leão Rime[6], Charles Vincent[5], Philippe Dupuy[4], Philippe François Escribe[3], Barthelemí Oliene[2], Scipion[1]).

Alfredo Leão Rimes Pinel teve um filho *(geração 8)*

8.    i.    ROQUE[8] PINEL. Ele se casou com SATHLER.

7.    PALMERINDA (ZINHA) RIBEIRO[7] PINEL (Henrique Camilo Rime[6], Charles Vincent[5], Philippe Dupuy[4], Philippe François Escribe[3], Barthelemí Oliene[2], Scipion[1]) nasceu em Minas Gerais, BR. Ela se casou com EMILIO SEGAL.

Emilio Segal e Palmerinda (Zinha) Ribeiro Pinel tiveram os seguintes filhos *(geração 8):*

8. i. AMELIA PINEL[8] SEGAL.

8. ii. EMILIA PINEL[8] SEGAL

8. iii. EMILIO PINEL[8] SEGAL

8. iv. ELISA PINEL[8] SEGAL

8. v. AMERICA PINEL[8] SEGAL

8. vi. WIGRES PINEL[8] SEGAL

8. vii. HENRIQUE PINEL[8] SEGAL

7. **HERMENEGILDO CAMILO RIBEIRO[7] PINEL** (Henrique Camilo Rime[6], Charles Vincent[5], Philippe Dupuy[4], Philippe François Escribe[3], Barthelemí Oliene[2], Scipion[1]) nasceu em 1902 em Cantagalo, no Espírito Santo, BR. Ele morreu em 11 de Março de 1965. Casou-se com **HILDA BARREIRO SILVA**. Ela nasceu em 1904 em Minas Gerais, BR e morreu em 25 de Março de 1955, em Lajinha, Minas Gerais, BR.

Hermenegildo Camilo Ribeiro Pinel e Hilda Barreiro Silva tiveram os seguintes filhos *(geração 8):*

8. i. HERGILIANO (GILI) CAMILO SILVA[8] PINEL nasceu em 13 de Julho de 1922 em Minas Gerais, BR. Ele morreu em 1989. Ele se casou com LABIBE LOUZADA. E ela nasceu em Minas Gerais, BR

8. ii. **ELÇA SILVA[8] PINEL** nasceu em 17 de Julho de 1924, em São José do Caparaó, no Espírito Santo, BR. Ela se casou com **BERNARDINO AFONSO DE SOUSA** em 28 de Outubro de 1943 no Ocidente, Minas Gerais, BR. Ele nasceu em 08 de Março de 1909 no Ocidente, Minas Gerais, BR. Ele morreu em 13 de Agosto 1969 em Rio de Janeiro, Rio de Janeiro, BR..

8. iii. LOURIVAL (LOLO) CAMILO SILVA[8] PINEL nasceu em 1926, em Minas Gerais, BR. Ele morreu em 1988. Casou-se (primeiro) com EVA. Casou-se (segundo) com ZENITH ANTONIA SILVA. Ela nasceu em 03 de Dezembro de 1925. Ela morreu em 19 de Janeiro de 2000.

8. iv. ELZA (ZINHA) SILVA[8] PINEL nasceu em 17 de Julho de 1928 em Minas Gerais, BR. Ela se casou com JOVENTINO GOMES.

8. v. ELZY (DIDI) SILVA[8] PINEL nasceu em 03 de Outubro de 1930, em Minas Gerais, BR. Ela morreu em 11 de Abril de 2002, em Juiz de Fora, Minas Gerais. Ela se casou com MOACYR DUARTE RIBEIRO. Ele nasceu em 01 de Janeiro de 1922, em Minas Gerais, BR. Ele morreu em 03 de Julho de 1978, em Juiz de Fora, Minas Gerais, BR.

8. vi. ELCY SILVA[8] PINEL nasceu em 29 de Novembro de 1931 em Minas Gerais, BR.

8. vii. ELZONI SILVA PINEL nasceu em 11 de Setembro de 1932 em Minas Gerais, BR. Ela se casou com ORLANDO.

8. viii. ELMY SILVA PINEL nasceu em 19 de Janeiro de 1938 em Minas Gerais, BR. Ela faleceu em 21 de Outubro de 2005. Ela se casou com JOSE CARLOS IGLESIAS GANDARA.

8. ix. ONOFRE CAMILO SILVA[8] PINEL nasceu em 1940 em Minas Gerais, Brasil.

8. x. ELIA SILVA[8] PINEL nasceu em 10 de Julho de 1941 em Manhuaçu, Minas Gerais, BR. Ela se casou com WALTER NANDES.

8. xi. HENRIQUE CAMILO SILVA[8] PINEL nasceu em 1944 em Minas Gerais, BR.

8. xii. ELCIRA SILVA[8] PINEL nasceu em 1946 em Minas

Gerais, BR. Ela morreu em 1946.

7.   CARLOS ALADIM RIBEIRO[7] PINEL (Henrique Camilo Rime[6], Charles Vincent[5], Philippe Dupuy[5], Philippe François Escribe[3], Barthelemí Oliene[2], Scipion[1]) Ele se casou com CAROLINA CAMPOS.

Carlos Aladim Ribeiro Pinel e Carolina Campos tiveram os seguintes filhos *(geração 8)*

8.   i.   ORLANDO CAMPOS[8] PINEL.

8.   ii.   SEBASTIÃO (TIÃO) CAMPOS[8] PINEL.

8.   iii.   SALUSTIANO (TATA) CAMPOS[8] PINEL.

8.   iv.   PEQUETITA CAMPOS[8] PINEL.

8.   v.   LOLÓ CAMPOS[8] PINEL.

8.   vi.   CAROLINA CAMPOS[8] PINEL.

8.   vii.   MELCHIADES CAMPOS[8] PINEL nasceu em 29 de Março de 1929. Ele morreu em 09 de Setembro de 1996. Ele se casou com AUGUSTA ROSA PEREIRA.

7.   MARIA DA GLORIA (ZICA) RIBEIRO[7] PINEL (Henrique Camilo Rime[6], Charles Vincent[5], Philippe Dupuy[4], Philippe François Escribe[3], Barthelemí Oliene[2], Scipion[1]) nasceu em 24 de Abril 1898 em Manhumirim, Minas Gerais, BR. Sua data da morte é desconhecida. Casou-se com LUIZ ANTONIO HOTT em 03 de Fevereiro de 1913, em Manhumirim, Minas Gerais. Ele nasceu em Manhuaçu, Minas Gerais, BR. Ele morreu em 10 de Fevereiro 1969, em Ocidente, Minas Gerais, BR.

O casamento deles foi testemunhado por: Carlos Aladim Pinel e Emilio Segall
Luiz Antonio Hott e Maria da Gloria ( Zica ) Ribeiro Pinel tiveram os seguintes filhos *( geração 8)*

8.    i.    MARIA (COCOTA) PINEL[8] HOTT nasceu em Minas Gerais, BR. Ela se casou com JUVERCINO DUTRA DA MENDONÇA.

8.    ii.    ADAIL PINEL[8] HOTT nasceu em Minas Gerais, BR.

8.    iii.    ACIDONÍLIA PINEL[8] HOTT nasceu em Minas Gerais, BR.

8.    iv.    ANTONIO PINEL[8] HOTT nasceu em Minas Gerais, BR. Ele morreu em 01 Fevereiro 2012 em Minas Gerais, BR.

8.    v.    ALZIRA PINEL[8] HOTT nasceu em Minas Gerais, BR.

8.    vi.    ALVETA PINEL[8] HOTT nasceu em 02 de Abril de 1923, em Lajinha, Minas Gerais, BR. Sua data da morte é desconhecida. Ela se casou com CLERES PONCIANO SILVA em 13 de Dezembro de 1939, em Ocidente, Minas Gerais. Ele nasceu em Minas Gerais, BR. A data de sua morte é desconhecida

8.    vii.    LUIZ ANTONIO PINEL[8] HOTT nasceu em Minas Gerais, BR.

8.    viii.    JOSE PINEL[8] HOTT nasceu em Minas Gerais, BR.

8.    ix.    ALAOR PINEL[8] HOTT nasceu em Minas Gerais, BR.

7.    SEBASTIÃO (ZITO) RIBEIRO[7] PINEL (Henrique Camilo Rime[6], Charles Vincent[6], Philippe Dupuy[4], Philippe François Escribe[3], Barthelemí Oliene[2], Scipion[1]) Sua data de nascimento e morte é desconhecida.

Sebastião (Zito) Ribeiro Pinel teve um filho *(geração 8)*:

8.    i.    SEBASTIÃO[8] PINEL nasceu em Alegre, ES, Brasil.

7.    MARIE[7] PINEL (Jean Pierre[6], Jean Pierre[5], Jean Pierre Dupuy[4], Philippe François Escribe[3], Barthelemí Oliene[2], Scipion[1]) nasceu em 1852. Sua data da morte é desconhecida. Ela se casou com VICTOR LANGEVIN. A data de sua morte é desconhecida

Victor Langevin e Marie Pinel tiveram o seguinte filho *(geração 8)*:

8.    i.    PAUL PINEL[8] LANGEVIN nasceu em 23 de 1872 em Montmartre, Paris, FR (No. 13 Rue Ravignan na Place Emile Goudeau ). Ele morreu em 19 de Dezembro de 1946, em Paris, Ile-de-France, França ( Langevin morreu após uma breve doença. O governo, que tinha lhe feito um grande oficial da Legião de Honra, concedeu a ele um funeral de Estado. Seus restos mortais foram transferidos para o Panteão em 1948, ao mesmo tempo em que o Jean Perrin.). Ele se casou com Jeanne Desfossés em 1898. Sua data da morte é desconhecida.

Notas de pesquisa. Langevin, o segundo filho de Victor Langevin, um avaliador - verificador na seção de Montmartre, em Paris, muito cedo mostrou seu gosto pelo estudo. Sua mãe, sobrinha-neta do alienista Philippe Pinel, incentivou essa inclinação, e Langevin foi sempre o primeiro da classe a partir do momento que ele entrou na École Lavoisier até que ele deixou a École Municipale de Physique et Chimie Industrielles de la Ville de Paris em 1891. ( A última escola foi fundada em 1881 por Paul Schützenberger para treinar engenheiros.) O entusiasmo de Langevin foi despertado por seu contato com o diretor da escola e pelo seu trabalho de laboratório, que foi supervisionado por Pierre Curie. Para aprofundar seu conhecimento Langevin participou da Sorbonne (1891-1893), enquanto o ensino de um curso privado e aprendeu latim por conta própria. Em 1893 ele se colocou pela primeira vez no exame de admissão competitiva para a École Normale Superérieure, mas ele fez um ano de serviço militar antes de freqüentar a escola. Na École Normale Supérieure ouviu a palestras de Marcel Brillouin e realizou uma pesquisa com Jean Perrin (então uma agrégé - préparateur ). Langevin ganhou o primeiro lugar no concurso para a agregação em ciências físicas em 1897 e partiu para Cambridge para passar um ano no Laboratório Cavendish com JJ Thomson. Sob a direção de

Thomson, ele trabalhou em ionização por raios X, no processo de descoberta, independentemente da Sagnac, que os raios X liberar elétrons secundários de metais. Além disso, enquanto no Cavendish ele conheceu J. Townsend, E. Rutherford, e CTR Wilson: todos eles logo se tornaram amigos. Ao retornar para Paris, Langevin estabeleceu uma casa (1898). Ele teve quatro filhos: Jean (nascido em 1899), André (nascido em 1901 ), ambos os quais se tornaram físicos- Madeleine (nascido em 1903), e Hélène (n. 1909). Ainda devendo a bolsa de estudos, ele foi obrigado a continuar a dar aulas particulares. ........................ Depois de voltar ao École Municipale de Physique et Chimie Industrielles em Outubro de 1944, Langevin dedicou seus maiores esforços para reformas educacionais e ao apoio de seus amigos políticos. Sua filha Hélène, voltou de Auschwitz, e sentou-se no Consultivo Assemblée. Ele se juntou a ela como um membro do Partido Comunista, vários membros dos quais também eram membros do governo -, na esperança de incentivar a fraternidade que o capitalismo não tinha conseguido estabelecer.

Langevin morreu após uma breve doença. O governo, que tinha lhe feito um grande oficial da Legião de Honra, concedido a ele um funeral de Estado. Seus restos mortais foram trasladados para o Panteão em 1948, ao mesmo tempo, como os de Jean Perrin.

Em 1911, foi revelado que durante 1910-1911 Skodowska-Curie tinha tido um caso amoroso, de duração de um ano, com Paul Langevin, que era um ex-aluno de Pierre Curie . Ele era um homem casado, que estava afastado de sua esposa. Isso resultou em um escândalo de imprensa que foi explorada por seus adversários acadêmicos. Apesar de sua fama como um cientista que trabalha para a França, a atitude do público tendia para a xenofobia, que também alimentou falsas especulações de que Skodowska-Curie era judia. Ela era cinco anos mais velha que Langevin e foi apresentada nos tablóides como uma destruidora de lares. Mais tarde, a neta de Skodowska-Curie, Hélène Joliot, casou-se com o neto de Langevin, Michel Langevin.

http://en.wikipedia.org/wiki/Marie_Curie

# 7

## DA SUIÇA AO BRASIL

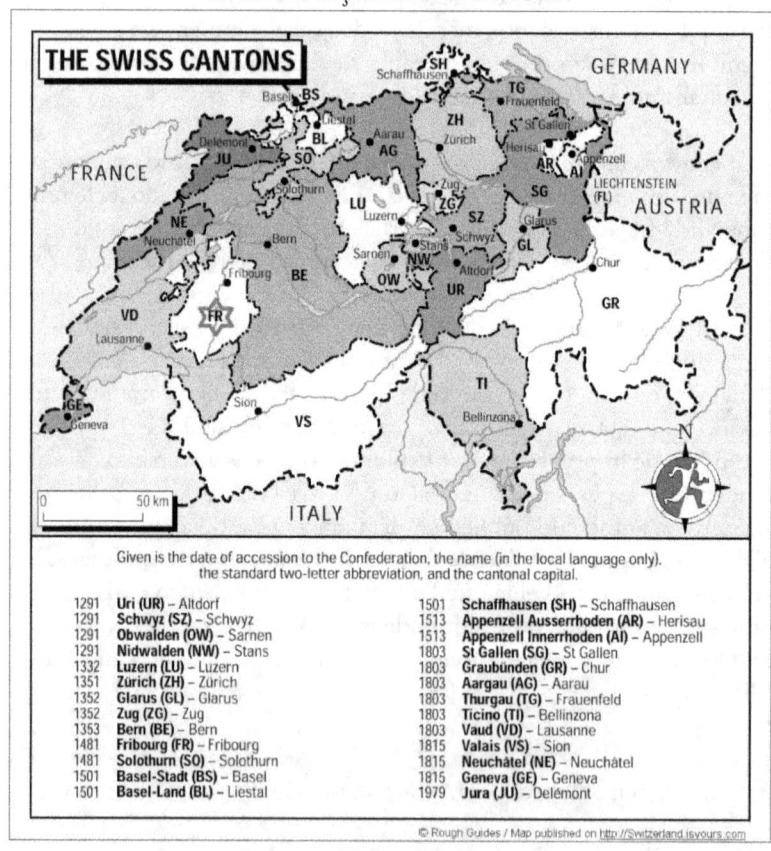

Figura 23

A Imigração Suíça -1816

Durante o verão de 1816, as mudanças climáticas inesperadas deixaram países no Hemisfério Norte sofrendo de fome devastadora e surtos epidêmicos. Estes padrões climáticos foram o resultado da erupção vulcânica do Monte Tambora, em Sumbawa, na Indonésia, em 10 de Abril 1815.

As conseqüências foram, portanto, inevitável. Milhares de suíços saíram de seu país e emigraram para outros países em busca de melhores condições de vida.

Como alerta Martin Nicoulin em seu livro "A Gênese de Nova Friburgo", a migração de 1817 não deve ser confundida com a de 1816. Esta crise foi causada por fatos industriais e comerciais e ocorreu normalmente. A crise de 1817 foi causada pela fome e pela miséria e teve, infelizmente, a morte como pano de fundo.

O movimento migratório, a partir de 1816, pode ser medido pela evolução da crise econômica. Na medida em que esta se deteriora, migração aumentou e tomou novos rumos.

Durante o verão de 1817, a veleiro francês Emilie deixou o porto de Le Havre para América do Sul. Seu destino é a cidade do Rio de Janeiro. A bordo, um diplomata de Fribourg trouxe o compromisso para uma importante missão. Mandado pelo governo suíço, seu objetivo era propor à corte do rei João VI a entrega de um grupo de emigrantes suíços para o Brasil.

Eles vieram de vários cantões

- Argóvia
- Fribourg - 823 pessoas
- Genebra
- Jura de Berna
- Lucerna
- Neuchátel
- Schwyz
- Soleure
- Valais
- Vaud

A viagem para a América do Sul teve início em 12 de Setembro de 1819 a partir do porto de St-Gravendeel. Nessa data, o veleiro Daphné de Hamburger, transportando 197 colonos, aproveitou o vento favorável e saiu para o oceano. No dia seguinte, saíram, sucessivamente, o " Urânia ", com 437 imigrantes, de Berne, e o norte-americano " Debby Elisa ", com 233 Jurasianos. Um mês depois, os colonos remanescentes em Mijl, foram enviados para Amsterdam e de lá para Den Helder. A partir deste porto saíram, em 10 de Outubro, "Heureux Voyage", com 442 passageiros, o "Elizabeth Marie", com 228, e "Camilo", com 119 emigrantes. E ainda, na primeira quinzena de Outubro, o veleiro " Trajano " deixa o porto de St-Gravendeel, carregando a bagagem dos colonos.

Chegando ao Rio de Janeiro, os colonos não desembarcaram imediatamente, mas receberam a bordo, as autoridades brasileiras, médicos e funcionários da alfândega. Pequenos veleiros levaram os colonos pelo interior da baía, entrando no rio Macacu e atingindo Tamby ( atualmente Itambi ).

Em Tamby, 60 tendas foram erguidas para receber, durante 5 dias, os viajantes cansados, o primeiro descanso verdadeiro em terra, após meses de navegação. A partir desta aldeia, o grupo partiu por terra, com carroças utilizadas para o transporte de crianças, mulheres e bagagem. Os homens continuaram a pé ou a cavalo.

Finalmente, após esta fase de 12 dias, considerado o mais pacífico da viagem, pôs fim a uma longa viagem. Dos 2006 emigrantes que deixaram a Suíça, 1631 chegou à Nova Friburgo, durante todo o percurso foram registrados, 389 mortes e 14 nascimentos.

Os colonos que embarcaram em Rotterdam no navio Urânia, liderada pelo capitão Bochs em 12 de Setembro, contando 437, chegaram ao Rio de Janeiro em 30 de Novembro 1819 e no Morro Queimado em 11 de Dezembro, tendo perdido 109 pessoas na travessia.

Compilados a partir de informações postadas no " Centro de Documentação D. João VI " Nova Friburgo, BR

http://www.djoaovi.com.br

## The Urania

Figura 24

Aquarela de J Steinmann demonstrando Nova Friburgo na era 1830.

Figura 25

# 8

## RIME, RIMES DA SUIÇA

Vindos de diversos cantões da Suíça, 2.006 imigrantes viajaram para o Brasil, a fim de popular a nova colônia de Nova Friburgo. Muitos, infelizmente, morreram durante a longa viagem.

- Argóvia
- Neuchátel
- Schwyz
- Fribourg
- Soleure

- Genebra
- Valais
- Jura de Berna
- Vaud
- Lucerna

Lista dos imigrantes de Fribourg, haviam 823 pessoas, mostrando somente os Rime:

| 611 | Rime | Félix | 35 | Charmey |
|-----|------|-------|-----|---------|
| 612 | | Véronique | 34 | |
| 613 | | Marianne | 7 | |
| 614 | | François | 5 | |
| 615 | | Mariette | 4 | |
| 616 | | Catherine | 3 | |
| 617 | | Cyprine | 1 | |
| 618 | Rime | Jean | 46 | Epagny |
| 619 | | Marguerite | 33 | |
| 620 | | Marianne | 7 | |
| 621 | | Jean-François | 8 | |
| 622 | | Marie | 6 | |
| 623 | | Madeleine | 4 | |
| 624 | | Jacques | 3 | |
| 625 | | Jean-Jacques | 1 | |
| 626 | Rime | Josette | 26 | Gruyères |
| 627 | | Mariette | 22 | |

Rhyme, Rhymes, Remy, Remy

Origem: Charmey (Gruyère County), exceto aqueles de Romont.

Os Rime e Remy Charmey eram originalmente uma única família. Até o século XIX, alguns membros desta família usaram a duas formas Rime e Remy. Desde 1850 (Lei de 1849/11/20, que estabelece a ortografia oficial do sobrenome no cantão de Fribourg) sobrenomes foram estabelecidos de acordo com os diferentes ramos do Rime, Remy e Remy Suíça.

No Brasil, o sobrenome ficou no formato Rime.

RIME RIMES: Charmey Gruyères (1633 e 1646), Cortaillod (século XIX.), Genebra (1884 e 1910), Vernier (1938) Poliez Le Grand (1956), Vevey (1956), Villars-le-terroir (1956), Lausanne (1957).

REMY REMY RIMES: Charmey, Fribourg (1781), Bull (1846), Progen, La Chaux-de-Fonds (1888), Neuchâtel (1889), Le Locle (1920), Genebra (1931, 1959, 1960) Planfayon (1960 ), Castelo d'Oex (1956), e Rougemont (1958).

RIME: Romont (1951). Os Rime de Romont Rataboul vêm da família, também chamada Ratabouille

Etimologia: Remy e Rimi, formas  primitivas de este sobrenome são formas populares de nome de Cristãos de Remígio; Este é  São Remigio (Remy) que batizou Clovis.

## Brasão de Armas – Figura 26

RIME Charmey Gruyères Cortaillod, Geneva Vernier, Poliez-Le-Grand, Vevey Villars-le-Terroir and Lausanne

"Azure, uma fita cercado por dois corações de ouro e terminando na ponta de uma lua crescente de prata"

**Este é o brasão de armas para o nosso ramo da família.**

RIME of Gruyères Cortaillod, Geneva (1910), Vernier, Poliez-Le-Grand, Vevey Villars-le-Terroir and Lausanne

"Cortadas em quartos: 1° e 4°, cheias de prata, com 2° e 3°, azul, e uma lua crescente de prata e três estrelas de prata de seis pontas com uma faixa vermelha que atravessa o Brasão."
(Gruyérien Bulle Museum)

REMY, RÉMY, de Charmey, Fribourg, Bulle, Genève, Le Locle, Rougemont, La Chaux-de-Fonds, Neuchâtel, Château d'Oex:

"Prata com a cruz de Santo Antonio estendendo os braços triangulares que se alargam na direção de fora"

(AEF: Fichier armoiries)

REMY: Bulle, Progens, Planfayon:

"Da areia para um pico de ouro crescente encimada por três dardos de prata com penas em ouro, um conjunto em pálido com duas linhas e uma barra, no centro uma esfera a Croisette de ouro ladeada por duas estrelas"
(AEF: Fichier armoiries)

Havia quatro famílias com o sobrenome Rime que emigraram para Nova Friburgo, em 1819.

**A - Descendentes de Jean Rime de Gruyères**
**B - Felix Rime de Charmey;**
**C - Jean Baptiste Rime, Epagny;**
**D - Jean Pierre Rime (Rémy), Charmey.**

## A - Descendentes de Jean Rime of Gruyères

<u>1ª Geração</u>

1. Jean Rime nasceu em Gruyères, Fribourg, na Suíça. Casou-se com Marie Claudine.

Crianças de Jean e Marie Claudine Rime

> 2. i. Marie Josette Françoise Rime nasceu em 04 de Junho de 1792 em Gruyères, Fribourg, na Suíça.

> 2. ii. Mariette Rime nasceu em 1797 em Gruyères, Fribourg, Suíça e morreu em 15 de Janeiro de 1820 Macacu.

2 ª Geração (Crianças)

As duas irmãs Marie e Mariette Rime, viajaram no navio Urânia e ambas chegaram à Nova Friburgo, em 1819.

2. Marie Josette Françoise Rime nasceu em 04 de Junho de 1792 em Gruyères, Fribourg, na Suíça. Ela se casou com João Gonçalves Ramos em 8 de Agosto de 1821 em Nova Friburgo. João, filho de Paulo José Vianna e Sebastiana Joaquina, nasceu em Barcelos, Portugal.

Filhos de Marie Josette Françoise Rime e João Gonçalves Ramos ( 3 ª geração)

>3. i.    Bernardo Fortunato Ramos nasceu em 20 de Agosto de 1821 em Nova Friburgo. .

>3. ii    Manoel Ramos nasceu no dia 9 de Fevereiro de 1823, em Nova Friburgo. .

>3. iii.   Francisca Gonçalves Ramos nasceu em 29 de Abril de 1826 em Nova Friburgo. .

>3. iv.   José Luiz Gonçalves Ramos nasceu em 18 de Outubro de 1829 em Nova Friburgo.

>3. v    Francisco Luiz Gonçalves Ramos nasceu em 22 de Junho de 1831 e morreu em Nova Friburgo.

>3. vi.   Maria Clemência Ramos Gonçalves nasceu em 01 Março de 1835 e morreu em Nova Friburgo, data desconhecida.

2. Mariette Rime nasceu em 1797 em Gruyères, Fribourg, Suíça e morreu em 15 de Janeiro de 1820 em Macacu.

## B - Descendentes of Felix Rime

1 ª Geração

1. **Felix Rime** nasceu em 1783 em Friburgo, na Suíça. .

Ele chegou no navio Urânia em 1819, Nova Friburgo e recebeu Lote 41 da Seção 8.

Casou-se com **Véronique Tornare**. Véronique nasceu em 1785 em Fribourg, Suíça e morreu em 30 de Março de 1850 em Nova Friburgo.

Filhos de Félix Rime e Véronique Tornare

2. i. Marianne Rime nasceu em 1812 em Fribourg, Suíça e morreu em 05 de Outubro de 1819 a bordo do Urânia.

2. ii. François Rime nasceu em 1814 em Fribourg, Suíça e morreu em 07 de Outubro de 1819 a bordo do Urânia

2. iii. Mariette Rime nasceu em 1815 em Fribourg, Suíça e morreu em 05 de Outubro de 1819 a bordo do Urânia

2. iv. **MARIE CATHERINE RIME** nasceu em 1816 em Fribourg, Suíça.

2. v. Cyprine Rime nasceu em 1818 em Fribourg, Suíça e morreu no dia 29 de Outubro, 1819 a bordo do Urânia

2. vi. João José Cipriano Rime nasceu em 10 Março de 1821 em Nova Friburgo e morreu em Nova Friburgo em 01 de Abril de 1901.

2. vii. Jesuína Maria Rime nasceu em 18 de 1823 em Nova Friburgo e morreu em 15 de Maio de 1823, em Nova Friburgo.

2. viii. Alexander Rime nasceu em 29 de Dezembro de 1823 em Nova Friburgo e morreu em 2 de Janeiro de 1824 em Nova Friburgo.

2. ix. Maria Luiza Rime nasceu em 24 de Agosto de 1825 em Nova Friburgo e morreu em 22 de Abril de 1859 em Nova Friburgo.

2 ª Geração (Crianças)

2. Marianne Rime nasceu em 1812 em Fribourg, Suíça e morreu em 05 de Outubro de 1819 a bordo do Urânia

2. François Rime nasceu em 1814 em Fribourg, Suíça e morreu em 07 de Outubro de 1819 a bordo do Urânia

2. Mariette Rime nasceu em 1815 em Fribourg, Suíça e morreu em 05 de Outubro de 1819 a bordo do Urânia

2. **MARIE CATHERINE RIME** nasceu em 1816 em Friburgo, na Suíça, e morreu 05 de Agosto de 1890 em Nova Friburgo, RJ. Ela se casou com **CHARLES PINEL** em 27 de Abril de 1832 em Nova Friburgo. Charles, filho de PHILIPPE PINEL e JEANNE-FRANÇOISE VINCENT, nasceu em 1802 em Paris e morreu 18 de Julho de 1871 em Nova Friburgo, RJ.

Filhos de Charles e Marianne Catherine Rime Pinel (3 ª geração )

3. i.  Maria Leontina Pinel nasceu em 23 de Abril de 1837 em Nova Friburgo.

3. ii. Cypriano Luiz Felipe Pinel nasceu em 08 de Maio de 1841, em Nova Friburgo.

3. iii. Joanna Honorina Pinel nasceu no dia 12 de Março, 1845 em Nova Friburgo.

3. iv. Carlos Pinel Scipião nasceu em 22 de Abril de 1847 em Nova Friburgo.

3. v Clara Dorotéa Pinel nasceu em 11 Agosto, 1849 em Nova Friburgo.

3. vi. Luiz Leão Pinel nasceu em 25 de Dezembro de 1852, em Nova Friburgo.

3. vii. Amélia Pinel nasceu em 27 de Julho de 1854 em Nova

Friburgo.

3. viii. **HENRIQUE CAMILO PINEL** nasceu em 14 de Julho de 1858 em Nova Friburgo.

2. Cyprine Rime nasceu em 1818 em Fribourg, Suíça e morreu em 29 de Outubro de 1819 a bordo do Urânia.

2. João José Cipriano Rime nasceu em 10 de Março de 1821 e morreu em Nova Friburgo. Casou-se (primeiro) Maria Senhorinha em Coimbra, filha de Paulo da Costa Coimbra e Senhorinha Maria de Siqueira, 29 de Maio de 1844 em Nova Friburgo. Casou-se (segundo) com Florentina Meuret, filha de Blasius Conrad Meuret e Marianne Risset, ela nasceu em 1827 em Nova Friburgo e morreu em 22 de Novembro de 1907 em Nova Friburgo. Nascido no Brasil, João José Cipriano Rime foi o único filho homem de Felix e Veronique que sobreviveu para continuar o sobrenome da família.

Filhos de João José Cipriano Rime e Maria Senhorinha Coimbra ( 3ª geração)

3. i. Marianna Rime nasceu no dia 8 de Agosto de 1846 em Nova Friburgo.

3. ii. Cypriana Rime nasceu em 28 de Maio 1848 em Nova Friburgo.

3. iii. Antonia Rime nasceu em 10 de Maio de 1849, em Nova Friburgo.

3. iv. Christina Rime nasceu em 15 de Maio de 1850, em Nova Friburgo.

3. v Pedro Cypriano Rime nasceu no dia 13 de Maio, 1851, em Nova Friburgo.

3. vi. Umbelina Rime nasceu em 01 de Agosto de 1854 em Nova Friburgo.

Filhos de João José Cipriano Rime e Florentina Meuret (3ª geração )

3. vii. Francisco Rime nasceu em 16 de Outubro de 1858 em Nova Friburgo.

3. viii. Jose Rime nasceu em 10 de Janeiro de 1860 em Nova Friburgo.

3. ix. Izabel Rime nasceu em 5 de Novembro de 1861 em Nova Friburgo.

3. x. Antonio Gaudencio Rime nasceu no dia 14 de Outubro, 1864, em Nova Friburgo.

3. xi. Joanna Antonia Rime nasceu em 26 de Junho de 1865, em Nova Friburgo.

3. xii. Hermenegildo Cypriano Rime nasceu em 03 de Novembro de 1867 Nova Friburgo.

3. xiii. Guilerme Rime nasceu em 1871 em Nova Friburgo.

2. Jesuina Maria Rime nasceu em 18 de 1823 em Nova Friburgo e morreu em 15 de Maio de 1823, em Nova Friburgo.

2. Alexander Rime nasceu em 29 de Dezembro de 1823 em Nova Friburgo e morreu em 2 de Janeiro de 1824 em Nova Friburgo.

2. Maria Luiza Rime nasceu em 24 de Agosto de 1825 em Nova Friburgo e morreu em 22 de Abril de 1859 em Nova Friburgo. Ela se casou com Romualdo da Silva Machado em 23 de Junho de 1847.

Filhos de Maria Luiza Rime e Romualdo da Silva Machado ( 3 ª geração)

3. i. Antonio Machado da Silva nasceu em 22 de Abril de 1859 em Nova Friburgo

## C - Descendentes de Jean Baptiste Rime de Epagny (Gruyere, Fribourg)

## 1 ª Geração

1. Jean Baptiste Rime nasceu em 1773 em Epagny, Suíça e morreu em Nova Friburgo. Casou-se com Marguerite Maradan. Marguerite nasceu em 1786 em Epagny, Suíça e morreu a bordo do Urânia em 14 de Setembro de 1819.

Crianças de Jean Baptiste Rime e Marguerite Maradan

> 2. i   Marianne Rime nasceu em 1810 em Epagny, Suíça e morreu em 13 de Dezembro de 1889 em Nova Friburgo.

> 2. ii. Jean François Rime nasceu em 1811 em Epagny, Suíça e morreu em Nova Friburgo.

> 2. iii. Marie Rime nasceu em 1813 em Epagny, Suíça.

> 2. iv. Madeleine Rime nasceu em 03 de Janeiro de 1815 Epagny, Suíça e morreu em Nova Friburgo.

> 2. v Jacques Rime nasceu em 1816 em Epagny, Suíça e morreu em Nova Friburgo.

> 2. vi. Jean Jacques Rime nasceu em 1818 em Epagny, Suíça e morreu em 29 de Janeiro de 1896 em Nova Friburgo.

## 2 ª Geração (Crianças)

2. Marianne Rime nasceu em 1810 em Epagny, Suíça e morreu em 13 de Dezembro de 1889 em Nova Friburgo. Ela se casou com Jacques Joseph Overney em 22 de Junho de 1835, em Nova Friburgo. Jacques Joseph, filho de Jean Nicolas Overney e Marianne Borer, nasceu em 19 de Novembro de 1807 em Fribourg, Suíça e morreu em Nova Friburgo.

Filhos de Marianne Rime e Jacques Joseph Overney (3 ª geração )

> 3. i.   Maria Margaret Overney nasceu em 1831 em Nova Friburgo.

3. ii. Jose ( Juquinha ) Overney nascido em 01 Março de 1833 em Nova Friburgo.

3. iii. Maria Magdalena Overney nasceu em 01 de Junho de 1835, em Nova Friburgo.

3. iv. João José Overney nasceu em 01 de Agosto de 1839 em Nova Friburgo.

3. v Maria Elisabeth Overney nasceu em 01 de Novembro de 1843 em Nova Friburgo.

3. vi Francisco Overney nasceu em 01 de Novembro de 1843 em Nova Friburgo.

3. vii. Jacques Augusto Overney nasceu em 01 de Novembro de 1845 em Nova Friburgo.

3. viii. Joaquim Overney nasceu em Nova Friburgo.

3. ix. Maria Luiza Overney nasceu em 01 de Junho de 1848, em Nova Friburgo.

3. x. Marcellino ( Marcel ) Overney nasceu em 01 Agosto de 1850 em Nova Friburgo.

3. xi. Eugenio Overney nasceu em 01 de Fevereiro de 1854, em Nova Friburgo.

2. Jean François Rime nasceu em 1811 em Epagny, Suíça e morreu em Nova Friburgo.

2. Marie Rime nasceu em 1813 em Epagny, Suíça.

2. Madeleine Rime nasceu em 03 de Janeiro de 1815 Epagny, Suíça e morreu em Nova Friburgo. Ela se casou com Jean Joseph Pachoud em 07 de Maio de 1839, em Nova Friburgo. Jean Joseph, filho de François Joseph Pachoud e Marguerite Equey, nasceu em 1803 em Granges ( Veveyse ), Suíça e morreu em Nova Friburgo.

Filhos de Madeleine Rime e Jean Joseph Pachoud ( 3 ª geração)

3. i. Ana Maria Margarida Pachoud nascida em 03 de Abril de 1840 em Nova Friburgo.

3. ii. José Casimiro Pachoud nasceu em 10 de Setembro de 1841 em Nova Friburgo.

3. iii. Luiz Pachoud nasceu em 01 de Junho de 1845, em Nova Friburgo.

3. iv. Jacques Augusto Pachoud nasceu no dia 5 de Maio de 1847, em Nova Friburgo.

3. v Antonia Paula Genoveva Pachoud nasceu em 26 de Março de 1850 e morreu em Nova Friburgo.

3. vii. Antonio Eduardo Pachoud nasceu em 17 abr 1852 em Nova Friburgo.

3. vii. Maria Emilia Josephina Pachoud nasceu em 03 de Janeiro de 1858 em Nova Friburgo.


2. Jacques Rime nasceu em 1816 em Epagny, Suíça e morreu em Nova Friburgo.

2. Jean Jacques Rime nasceu em 1818 em Epagny, Suíça e morreu em 29 de Janeiro de 1896 em Nova Friburgo. Casou-se com Anna Maria Luiza Overney. Anna Maria Louisa, a filha de François Overney e Mary Gachet, nasceu em 01 de Maio de 1825, na Suíça e morreu em 7 de Fevereiro de 1907, em Nova Friburgo.

Crianças de Jean Jacques Rime e Anna Maria Luiza Overney (3 ª geração )

3. i. Felicité Rime morreu data desconhecida.

3. ii. Izabel Rime morreu data desconhecida.

3. iii. Marianna Rime nasceu em 1854 em Nova Friburgo e morreu em 21 de Fevereiro de 1903, em Nova Friburgo.

3. iv. Mary Rime morreu data desconhecida.

3. v Mallanie Rime morreu data desconhecida.

3. vii. Hortência Rime morreu data desconhecida.

3. vii. João Francisco Rime morreu data desconhecida.

3. viii. Julio Rime morreu data desconhecida.

3. ix. Magdalena Rime nasceu em 1854 em Nova Friburgo e morreu em 10 de Maio de 1902 em Nova Friburgo.

3. x. João Pedro Rime nasceu em 1864. .

3. xi. Pedro Augusto Rime nasceu em 1867 em Nova Friburgo e morreu em 12 de Julho de 1897 em Nova Friburgo.

## D - Descendentes de Jean Pierre Rime de Charmey

<u>1 ª Geração</u>

1. Jean Pierre Rime nasceu em 1765 em Charmey, Fribourg, Suíça e morreu em 03 de Agosto de 1820 em Nova Friburgo. Ele chegou no navio " Camilo " em 1819, recebeu a casa 4 no lote 60. Ele se casou com Marianne Paquier. Marianne nasceu em 29 Abril de 1772.

Crianças de Jean Pierre Rime e Marianne Paquier

2. i. Marie Madeleine Rime nasceu em 07 de Janeiro de 1800

2. ii. Marie Louise Rime nasceu em 1802 em Charmey, Fribourg, Suíça e morreu em 9 de Dezembro de 1819, a bordo do navio Camilo.

2. iii. Marie Felicite Rime nasceu no dia 24 de Abril, 1804 Charmey, Fribourg, na Suíça.

2. iv. François Rime nasceu em 11 de Dezembro de 1805 Charmey, Fribourg, na Suíça.

2 ª Geração (Crianças)

2. Marie Madeleine Rime nasceu em 07 de Janeiro de 1800.

Filha de Marie Madeleine Rime ( 3 ª geração)

3. i. Emilia Rime nasceu em 23 de Abril de 1821 em Nova Friburgo.

2. Marie Louise Rime nasceu em 1802 em Charmey, Fribourg, Suíça e morreu em 9 de Dezembro de 1819, a bordo do navio Camilo.

2. Marie Felicite Rime nasceu no dia 24 de Abril, 1804 Charmey, Fribourg, Suíça. Ela se casou com Louis Chevrand em 01 de Outubro de 1821 em Nova Friburgo. Louis, filho de François Chevrand e Pernette Charlotte Battu nasceu no dia 17 de Março, 1794 Pregny, Genève, Suíça.

Filhos de Marie Felicite Rime e Louis Chevrand ( 3 ª geração)

3. i. Luiz Antonio Chevrand

3. ii. Augusto Chevrand

3. iii. Joaquim Chevrand.

2. François Rime nasceu em 11 de Dezembro de 1805 Charmey, Fribourg, na Suíça. Casou-se com Madeleine Hélène Genilloud, filha de Claude Genilloud e Marie Mossier.

Filhos de François Rime e Madeleine Hélène Genilloud (3 ª geração )

3. i. Claudio Manoel Antonio Rime morreu em 1904 em Nova Friburgo

# 9

# PINEL AO REDOR DO MUNDO

Hospital Pinel – Praia Vermelha, Botafogo, RJ
Figura 27

Institut Philippe Pinel, Montréal, Québec
Figura 28

Hospital Pinel – Pirituba, São Paulo
Figura 29

Hospital Pinel in Porto Alegre, RS
Figura 30

Figura 31

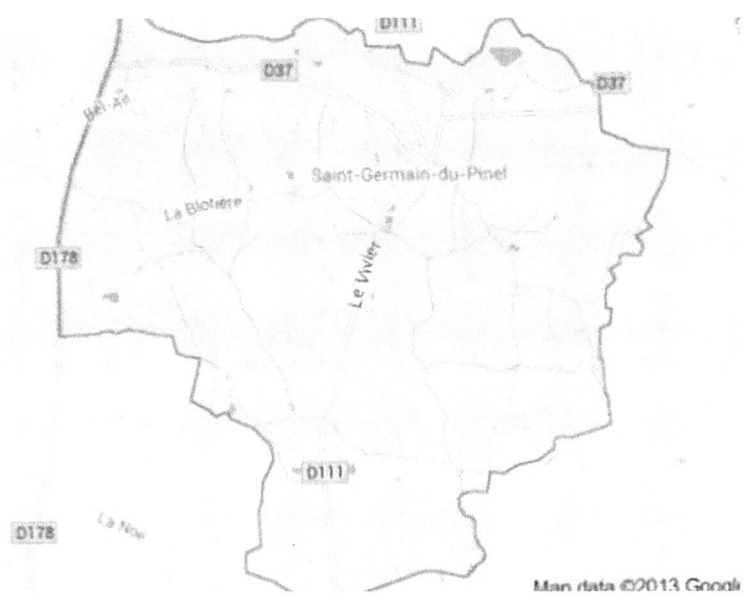

Mapa de Saint-Germain-Du-Pinel
Figura 32

Ilha Pinel, St Marteen
Figura 33

Figura 34
Ilha Pinel – Saint Marteen

Pinel-Hauterive, Lago Collinaire
Figura 35

# 10

# FONTES DE ILUSTRAÇÕES E FOTOS

1. Brasão Pinel
http://tbit.ws/7924400

2. Família Pinel certificado do Nome
Centro Histórico de Pesquisa ( material adquirido)

3. Mapa de Damiatte
Google maps

4. Retrato de Philippe Pinel - por Anna M Mérimée (m. 1852)
Paris, Musée d' Histoire de la Médecine
http://www.art-prints-on-demand.com/a/paris-musee-dhistoire-de.html

5. Asilo Bicêtre
http://www.leplaisirdesdieux.fr/Hopitaux/bicetre/

6. Gravura de Salpêtrière em Paris, França. Fundado em 1656
http://www.sciencephoto.com/media/300684/

7. Medalha de Cavalheiro da Legião de Honra
http://commons.wikimedia.org/

8. Sepultura de Pinel

http://cemetiereperelachaise.blogspot.com/

9. Moeda Pinel
http://www.apa.org/

10. Escultura da cabeça de Philippe Pinel, Hospital Royal Edinburgh
Uma imagem de "o pai da psiquiatria moderna" no pátio dos
estábulos velhos nos jardins do Hospital Royal Edinburgh. -
Copyright by kim traynor

11. Estatua Philippe Pinel - Ludowig Durand, escultor, 1885
LPLT / Wikimedia Commons

12. Selo Pinel
http://pluq59.free.fr/

13. Placa da rua Pinel
Foto de Ronilda Pinel de Sousa Shomberg - 1998

14. Philippe e Família - por Julie Forestier ( 1782-antes de 1843 )
Le médecin Philippe Pinel et sa famille de 1807
Huile sur toile - 146 x 114 cm
Galerie Ladrière, 11, Quai Voltaire, 75007 Paris
Foto: Boquet et Marty de Cambiaire

15. Charles Pinel
Do livro " A Historia de Philippe Pinel " por minha prima Lucy
Lupia Pinel Balthazar

16. Marie Catherine
Do livro " A Historia de Philippe Pinel " por minha prima Lucy
Lupia Pinel Balthazar

17. orquídea
http://theorchidfiles.com/

18. Cascata Pinel - antiga
http://www.djoaovi.com.br/

19. Cascata Pinel - nos dias de hoje

http://www.djoaovi.com.br/

20. Charles e Catherine Certidão de Casamento
Do livro " A Historia de Philippe Pinel " por minha prima Lucy
Lupia Pinel Balthazar

21. Charles certidão de óbito Pinel
Do livro " A Historia de Philippe Pinel " por minha prima Lucy
Lupia Pinel Balthazar

22. Casimir Pinel
Michel Caire, 2008
http://psychiatrie.histoire.free.fr

23. Cantões suíços
http://www.djoaovi.com.br/

24. Navio Urânia
http://www.djoaovi.com.br/

25. Aquarela
http://www.djoaovi.com.br/

26. Brasão de Rime, Remy
http://www.diesbach.com/sghcf/r/rime.html

27. Hospital Pinel - Botafogo, RJ
http://linux.an.gov.br

28. Instituto Philippe Pinel - Montreal, Quebec
http://en.wikipedia.org

29. Hospital Pinel - Pirituba, SP
Pirituba.net

30. Hospital Pinel - Porto Alegre, RS
Google.com

31. St. Germain-Du-Pinel
Amazon.com

32. Mapa de St. Germain-Du-Pinel
Google.com

33. Ilha Pinel
www.stmartin - sxm.com

34. Ilha Pinel
www.stmartin - sxm.com

35. Lago Collinaire - Pinel - Hauterive
Foto de jelusa

Todas as cópias de documentos franceses são de:
Tarn.archives
Paris.archives

# ANOTAÇÕES

# ANOTAÇÕES